五育共生
以体育人

数智赋能小学体育转型实践

张泽林 / 著

图书在版编目（CIP）数据

五育共生　以体育人：数智赋能小学体育转型实践 / 张泽林著. -- 北京：北京时代华文书局，2025.4.

ISBN 978-7-5699-6087-7

Ⅰ.G623.82

中国国家版本馆 CIP 数据核字第 2025WZ8207 号

WU YU GONGSHENG　YI TI YUREN：
SHU-ZHI FUNENG XIAOXUE TIYU ZHUANXING SHIJIAN

出 版 人：陈　涛
策划编辑：周　磊
责任编辑：张正萌
责任校对：李一之
装帧设计：孙丽莉
责任印制：刘　银

出版发行：北京时代华文书局 http://www.bjsdsj.com.cn
　　　　　北京市东城区安定门外大街 138 号皇城国际大厦 A 座 8 层
　　　　　邮编：100011　电话：010-64263661　64261528

印　　刷：三河市嘉科万达彩色印刷有限公司
开　　本：710 mm×1000 mm　1/16　　　成品尺寸：170 mm×240 mm
印　　张：17.5　　　　　　　　　　　　字　　数：249 千字
版　　次：2025 年 4 月第 1 版　　　　　印　　次：2025 年 4 月第 1 次印刷
定　　价：68.00 元

版权所有，侵权必究
本书如有印刷、装订等质量问题，本社负责调换，电话：010-64267955。

前　言

　　有的家长早早为孩子报了语文、数学、英语等学科辅导班，却忽视了对孩子运动能力的培养，甚至有些家长认为体育锻炼会妨碍学业。事实真的如此吗？我们在初次为人父母、初次担任教师时，难免会感到手足无措。本书以教育学、脑科学、具身认知心理学、感觉统合理论等领域的最新研究成果为依据，对上述问题进行了科学的解答和实践探索。让我们一同了解华南师范大学附属小学（简称"华师附小"）在身心一元理论的指导下，如何培养出一批又一批学业优秀且身强体壮的孩子，从而找到适合自己孩子的教育"秘籍"。

　　本书的第一章介绍了美好教育的理念，五育融合是新时代中国教育改革与发展的必然趋势的政策逻辑、学术逻辑、实践逻辑，由此构建了"以体为本：AI 赋能'五融两线 N 点'以体育人模式"，并提供了实践案例。

　　本书的第二章介绍了体育锻炼如何帮助身体和心理成长，使人在童年、成年、晚年分别受到不同方面的滋养，坚持运动除了使人拥有健康的体魄和良好的身材，还给人带来相关的情绪价值。

　　本书的第三章介绍了脑科学研究对体育教学的启示，探索了在体育教学中实现以体育人的价值。在感觉统合理论的指导下，研究了体育游戏对小学一年级学生感觉统合系统的影响，提炼出了提升学生体质的方法。

　　本书的第四章介绍了"一校四品"的体育特色以及超越自我、追求卓越、带动他人、共同进步、品学兼优的体育文化。通过"七个动起来"，培育浓郁的运动氛围，激发学生的运动兴趣，让每一名学生找到适合自己的体育运动项目，让每一名学生从运动中找到自信和乐趣。

本书的第五章介绍了大教育视域下家校社协同育人的价值、困境和实践，对青少年文化学习和体育锻炼的协调发展进行了探讨，阐述了"三全育人"理念下田径训练渗透德育的实践与探索。

本书的第六章介绍了人工智能（AI）赋能校内外实践方案。第一，通过智慧体育教学与测评系统及心率监控设备，提升体育课堂的成效及安全性；第二，建设智慧运动场、AI运动小站，使学生可随时随地运动，打造"主动健康"的校园；第三，完善体育科学、多元的评价方式，通过学生运动表现的变化反映学生体质、健康的变化；第四，应用移动端AI运动小程序，形成家校共育的体育教学模式。此外，本章对教育数字化的小学体育教学的评价有效性进行了探讨。

本书的第七章介绍了智能设备在各场景中的运用：学校利用智能跳绳进行的"双脚轮换跳绳"课程获评2022年广东省省级基础教育精品课；学校利用智能跳绳赋能小学生德、智、体协同发展；2022年新冠疫情期间，学校利用加速度计对学龄儿童24小时活动时间进行监控，其数据为制订学生的锻炼计划提供了科学依据。

本书的第八章介绍了学校的常规体育活动，包括"小飞人"短跑比赛、班际篮球比赛、武术操、跑操、线上跳绳比赛、田径运动会等。

本书第九章聚焦于以体育人的理念，汇集了来自知名体育学者、学生及家长亲身体验的感人故事，将炼成"学霸"和"体霸"的心路历程和方式、方法呈现出来。

本书的第十章介绍了我的教育感悟，对教育的本质进行了探讨，阐述了学校体育训练应重过程、重育人、轻结果的育人理念，呈现了守正创新与爱岗敬业的育苗行动，最后对教学与训练相关问题进行了解答。

要教育好一个学生，不能只靠学校或者家庭，而是需要调动一切可以调动的力量，形成合力进行教育。孩子身心健康的发展需要家长和学校共同重视。苏霍姆林斯基曾指出："教育的效果取决于学校和家庭教育影响的一致性。"

与此同时，在技术赋能和跨学科教学兴起的时代，基于人工智能开展教与学活动的智慧学习环境逐渐成为当前教育环境搭建的价值追求。为此，学校以体育学科核心素养、五育贯通的达成为目标，构建满足教学的技术环境，更好地落实美健课程、美优课程、美满课程。

最后，我希望家校社的良好协作以及人工智能教学工具的娴熟运用能够更好地落实"三美"体育课程，深化"一校四品"的学校体育特色，帮助家长和学生树立运动改造大脑、身心一元的育人新观念，破解学生上了十多年体育课都掌握不了一项体育技能的困境，破解重技术教学、不重铸魂的育人困境，破解家校社共育过程中对学生成长信息获取不对称的困境，全面提升体育教学的育人质量。

虽然在撰写过程中我已尽力完善，但难免仍有不足之处，恳请各位专家和读者提供宝贵意见，以期不断改进和提升。

目 录

第一章
五育融合的理论与案例

第一节　美好教育：学科核心素养培育的内在诉求　　002

第二节　从五育并举迈向五育融合　　006

第三节　AI 赋能"五融两线 N 点"以体育人模式的构建与实践　　016

第四节　成效卓著的五育融合案例　　034

第五节　五育融合下的非遗教学探索与实践　　039

第二章
体育锻炼让人终身受益

第一节　有氧运动铸就最强大脑　　050

第二节　如何从科学运动中受益　　056

第三章
以体育人的理论与实践

第一节　教育神经科学对体育教学的启示　　　　　　062

第二节　体育学科的育人价值及育人实践探索　　　　066

第三节　体育游戏对小学生感觉统合能力的影响　　　072

第四节　学生体质提升的三个阶段　　　　　　　　　079

第四章
建设氛围浓郁的校园体育文化

第一节　校园体育文化的构建　　　　　　　　　　　084

第二节　"一校四品"的校园体育文化　　　　　　　089

第五章
如何取得家校社协同育人的显著成果

第一节　大教育视域下家校社协同育人的价值、困境及实践　　098

第二节　学习和体育锻炼如何协调发展　　　　　　　108

第三节　在田径训练中如何进行德育教育　　　　　　110

第六章
如何构建一体化的智慧体育建设方案

第一节　华师附小智慧体育建设方案　　　　　　　　　　118

第二节　华师附小智慧体育建设内容　　　　　　　　　　125

第三节　基于教育数字化的小学体育教学评价　　　　　　147

第七章
如何使用 AI 赋能体育活动

第一节　智能跳绳教学设计　　　　　　　　　　　　　　158

第二节　智能跳绳比赛和作业　　　　　　　　　　　　　166

第三节　智能跳绳赋能小学生德智体协同发展　　　　　　172

第四节　监控身体活动、久坐和睡眠的加速度计　　　　　181

第五节　通过智能手表监控学生锻炼案例　　　　　　　　185

第八章
学校常规体育活动

第一节　校田径运动会规程与校田径运动会纪录　　　　　190

第二节　班际篮球比赛规程　　　　　　　　　　　　　　196

第三节 武术操、跑操比赛规程　　　　　　　　　　198
第四节 暑假线上跳绳挑战赛暨暑假体育作业　　　　202
第五节 "小飞人"短跑比赛竞赛规程　　　　　　　　204

第九章
以体育人的故事

第一节 少年寄语　　　　　　　　　　　　　　　　208
第二节 "学霸"和"体霸"的特质　　　　　　　　　210
第三节 以体育人的学生案例　　　　　　　　　　　　214
第四节 以体育人的家长案例　　　　　　　　　　　　246

第十章
我的育人感悟

第一节 一个灵魂唤醒另一个灵魂　　　　　　　　　　250
第二节 体育训练应重育人、重过程、轻结果　　　　　252
第三节 冠军是如何炼成的　　　　　　　　　　　　　254

后　记　　　　　　　　　　　　　　　　　　　　　259
附　录 "学霸"如何炼成"体霸"　　　　　　　　　262

第一章

五育融合的理论与案例

第一节　美好教育：
学科核心素养培育的内在诉求

近年来，华南师范大学附属小学倡导"美好教育"，努力让每一个孩子的人生因教育而美好。我们认为，美好教育扎根于素质教育的土壤，应体现出对个体生命高度关注的人文情怀，旨在实现师生的共同成长和发展，使师生拥有美好生活，与幸福同行。

"美好教育"以人的美好发展为基本价值取向，以美好课程和美妙课堂为载体和途径，旨在培养学生追求美好、体验美好、创造美好、释放美好的情感和能力，其本质是一种唤醒心灵、润泽生命的教育。为了探索"美好教育"的文化内核，从学校自身实际出发，华师附小构建了面向学科核心素养培育的美好校本课程体系。

一、美好校本课程体系构建的理念

美好校本课程是学校为了达成"美好教育"的目标，结合自身办学实际，整合现有资源，设计并开发的一系列促进学生全面发展的、具有校本特色的课程。在技术赋能和跨学科教学兴起的时代，基于互联网开展教与学活动的智慧学习环境逐渐成为当前教育环境搭建的价值追求，基于高阶思维培养的课程建设也成了当前教育教学革新的方向。为此，华师附小以学科核心素养、工匠精神、五育融合为目标，构建了符合教育教学需求的技术环境，深入挖掘各学科核心素养中对小学各学科教育教学的要求和启示。通过学科教学与信息技术的深度融合,学校构建了美好校本课程体系,以促进学生的全面发展。

二、美好校本课程体系的构建

在"美好教育"的引领下,华师附小创新性地传承了学校的发展理念、文化与经验,倡导学生成长与教师发展相统一、传承传统与开启未来相统一、课堂增效与课外拓展相结合,以技术赋能与课程深度融合为手段,构建小学美好校本课程体系,主要包括基础课程、拓展课程、探究课程和隐性文化课程等。

(一)整合信息技术和学科教学,促进基础课程向智慧课堂转化

如何充分发挥技术优势,利用现有资源设计出系统化的课程,以满足学生的学习需求,是当前教育改革的一个重要难点。为此,华师附小在深入分析学科核心素养对学生的要求后,结合学校自身的教学实际,发挥技术赋能的作用,从课堂变革开始,逐步走向课程构建。

(二)以工匠精神为育人目标

打造特色课程是学校的立校之根。华师附小根植儒学,立足学生未来发展,大胆探索,以国学的视野、课程的视域、儿童的视角全面进行课程改革,努力为每一个学生设计特色课程,以实现"美育课程"的教与学。其中,拓展课程和探究课程是最主要的特色课程,包括人格教育课程、才智教育课程、健体教育课程、艺术教育课程以及基于实践活动和才艺积累的探究课程。

健体教育课程包括田径、跳绳、篮球、飞镖、羽毛球、武术、跆拳道

等。学校设计"一校四品"的以体育人体育特色发展路径,通过特色项目推动学生体质的全面提升,强化体育技能的形成。以运动选材为依据进行特色项目设计,为不同体型和运动能力的学生找到适合自己的项目(篮球项目需要身高和体力,田径项目需要速度和爆发力,跳绳项目需要小巧灵活,飞镖项目需要身手稳定),面向全体学生真正实施因材施教。在健体教育课程中,以传承传统民间艺术培训项目为特色,同时以培养学生感受美、体验美、欣赏美、表现美、创造美的能力为重点,开设艺术体操、啦啦操、街舞、拉丁舞、民族舞、形体训练等课程。

艺术教育课程主要包括以古琴艺术、京剧文化、民间口技为代表的40余项传统民间艺术,以及管乐、合唱和声乐等。在艺术教育课程中,注重以美育人、以文化人。学校开设传统文化基础课程,引导学生参与文化的传承与交流,以经典神话故事、古典名著入画,进行传统艺术学习,开设中国画、书法、剪纸、版画、年画、扎染、传统服饰、传统建筑、泥塑、戏曲人物和脸谱等课程。

人格教育课程包括心理健康教育、孝道与仁爱教育以及经典诵读等内容;探究课程则涵盖兴趣小组、研学旅行、故事表演、参观考察、学军学农、艺术表演和才艺展示等活动。在人格教育课程和探究课程中,加强体育与德育、智育、美育相融合,力求通过全方位的体育教育,将体育贯穿到学校教育的全过程、各方面,渗透于各个学科,与社会实践活动相结合,挖掘不同学科所蕴含的丰富的美育资源。以学会感恩、学会环保、学会礼仪、学会创新、学会自护、学会阅读、学会运动、学会爱国、学会交往、学会学习、学会劳动、学会守纪这"十二个学会"和走进校园学规范(学会守纪)、走进社区学感恩(学会感恩)、走进自然学科学(学会创新)、走进团队学自主(学会交往)、走进军营学纪律(学会爱国)、走进农村学朴素(学会劳动)这"六个走进"为抓手,让学生树立"劳动最光荣"的观念，从而塑造学生的人格。

（三）发挥隐性文化的陶冶作用，搭建隐性文化课程

校园文化是学校内部形成的特定的文化环境与精神氛围，对青少年的发展影响甚大。文化底蕴深厚的学校，就会成为精神文明的校园、培养人才的学园、优美整洁的花园，就一定能很好地塑造师生真、善、美的理想人格。为此，华师附小对校园环境进行了系统规划，使其集传统文化和现代文化于一体。

在传统文化创建方面，在校园环境创设上，学校力求用好每一个地方，将架空层转变为非物质文化遗产（简称"非遗"）展厅，陈列了非遗壁画、非遗介绍、非遗作品等，并在校内建设了非遗文化长廊。在班级布置上，开启了"一班一特色，一班一非遗"的特色课堂，旨在让学生零距离地感受非遗项目。学校的非遗博物馆由展览和作坊组成，展览以儿童化的非遗作品为主，如用多媒体展示太极拳和咏春拳，作坊则是让学生亲身体验，如学习南狮的舞狮技艺、击鼓方法等。博物馆的建设凸显教书与育人的关系，突出岭南风格，在博物馆中利用非遗体育项目挖掘与教师、教育相关的内容和元素。

在现代文化创建方面，学校在校园各处的墙壁上，张贴了各种体育宣传海报，以宣传体育健康知识和体育明星的光荣事迹、展示小学生日常行为规范、介绍教改信息、交流学习经验；悬挂了学生的书画作品，以增强学生的集体荣誉感、自豪感，激发学生的学习热情；以成语故事、历史人物等为蓝本，设计了一些简单而意义深刻的壁画，让学生受到启迪、鼓励和熏陶，以培养学生在平凡中敢于拼搏、勇于奋斗的良好心理品质。学校环境力求使"墙壁会说话"，寓教育性、知识性、艺术性于一体，陶冶学生的情操，激发学生热爱学校、热爱生活的情感，增强学生奋发向上的信心，促进学生身心的健康发展。

第二节 从五育并举迈向五育融合

五育并举和五育融合是我国新时代教育教学改革中的重要概念，二者既有区别又相互关联。五育并举主要针对全面发展教育体系的问题，强调教育的全面性和完整性；五育融合则侧重于全面发展教育的实施机制与方法，强调五育的有机融合和相互贯通。从政策逻辑、学术逻辑、实践逻辑三个方面来看，从五育并举到五育融合是贯彻落实新时代党的教育方针和有关重大政策的需要，是遵循青少年身心发展规律和教育规律、促进青少年学生全面发展的客观要求；也是解决学校"教育拥挤""课程拥挤"现实问题的迫切需要。在实现五育并举的基础上深入推进五育融合要采用系统性思维，转变教育观念，加强顶层设计；提升教师五育融合的意识与能力，强化"教育者"与"人生导师"的身份认同；构建引导和指向五育融合的学校评价体系；将人格教育和社会主义核心价值观教育作为五育融合的桥梁和纽带，提升五育融合育人实效。

2018年，习近平总书记在全国教育大会提出"要努力构建德智体美劳全面培养的教育体系"以来，全国各地大、中、小学校都在开展基于五育并举理念下的实践探索，开展了从目标厘定、课程设置、教学形式、教学评价到教师培训、教研组织、学校组织机构设置等一系列变革。与此同时，随着五育并举育人模式探索的持续推进，实践中出现了一些值得思考的问题：在学校总课时一定的情况下各育课时如何分配？体育、美育、劳动教育课程资源如何开发？各育是不是都要走专门化、专业化的路径？各育是不是都要建立自己的评价指标体系？这些问题对学校造成了不小的困扰，其背后的深层次问题是：在贯彻落实党的全面发展教育方针过程中，到底该如何正确认识和处理"五育"之间的关系？"五育"的目标、路径、方法当然各不相同，这是提出和倡导五育并举的直接原因。但是，如何看待这种不同呢？它们是绝对的还是相对的，是彼此独立的还是相辅相成、互为一体的？本节旨在介绍五育并举与五育融合的内涵、关系，以及分析从五育并举到五育融合的合理性，并为学校推进五育融合提供建议。

一、五育并举与五育融合的内涵

习近平总书记在2018年全国教育大会上指出，要培养德智体美劳全面发展的社会主义建设者和接班人，明确将"劳动教育"纳入全面发展教育，进一步从"四育"扩展为"五育"，确立了新时代教育所要培养人才素质结构的一般表述和普遍性要求，规定了人才培养的具体目标领域。

如何认识和把握"五育"之间的关系是新时代一个重要的理论和实践问题。教育领域最早提出的主张就是五育并举。2019年，中共中央、国务院印发的《关于深化教育教学改革全面提高义务教育质量的意见》中就明确提出"坚持'五育'并举，全面发展素质教育"。五育并举在内涵上首先指"五育"都重要，不可偏废，强调"五育"的全面性、平等性与相对独立性，尤其是指要克服以往工作中只抓智育，虚化德育，忽视体育、美育，缺失劳动教育的问题。在这方面，学术界和实践界是有较高共识的。

在把握五育并举上述要旨的同时，也有研究者对五育并举可能在理论上和实践上产生的问题表达了自己的担忧。童宏亮、吴云鹏认为，五育并举的提法存在四个方面的限度：第一，"并举"概念存在默认"五育"是五种不同类别的教育活动，从而将"五育"分割开来；第二，存在"五育"

发展不均衡的隐患；第三，缺乏对"五育"活动如何发展、怎样发展的路径阐释；第四，"并举"表现出一种完成的状态或静态的结果倾向，而认识上的局限则会导致在实践中的偏差，如出现"五育'五张皮'""五育竞争发展"等现象。在这四种"限度"中，除第二、第三种不属于五育并举主张本身所带来的风险外，第一种和第四种则是确实有可能存在的。也正是由于两位作者意识到了这种危险性，他们提出了"从并举到融合"的主张。石中英也认为，五育并举主张中的"并"，不能简单地理解为"并列""一起"的意思，也包含"融通""贯通"的意思。五育并举不是简单地在"五育"之间做加法，而是要在"五育"之间做乘法，以形成"五育"的整体倍增效应，这些认识都试图将对五育并举的认识推向一个新阶段，即五育融合的阶段。

当前，有人认为五育并举与五育融合没有什么本质性的区别，也有人将这两个概念交替使用。但是，还有学者认为，将这两个概念简单等同是不妥当的，他们赋予了五育融合新的意义。冯建军认为，五育融合是指"五育"之间的有机联系和相互贯通，强调"融合"的有机性和贯通性。李森、郑岚认为，五育融合强调了每一育对其他育发展起到的积极作用，通过融合形式的转变寻求"五育"内容与素养的整体生成，代表了一种新的教育理念、新的教学策略和新的育人能力。宁本涛从教育生态学视角看五育融合，将"五育"聚集于学生的课程、活动中，并相互渗透，从而实现整体"五育"的生成，最终指向学生与教育者共生共长的德智体美劳全面发展这一根本目的，并在此基础上走向"五育共美"。

总体而言，五育并举和五育融合作为新时代我国教育改革和发展的重要政策概念，既是不同的，不能混为一谈，又是相互关联的，不能割裂和对立。五育并举侧重于"全面发展教育体系"的重构，旨在纠正过去重"智育"而轻其他教育的现象，构建更完善的全面发展教育体系。而五育融合则聚焦于全面发展教育的实施机制和方法，解决实践中"五育"各自独立、相互竞争的问题，推动其有机融合和整体实施。从这个角度来看，五育并举是一个偏重宏观的政策概念，而五育融合则是一个偏重微观的政策概念：五育并举是五育融合的基础与前提，五育融合是五育并举的深化和具体化，两者最终都是致力于培养堪当民族复兴大任的、德智体美劳全面发展的社会主义建设者和接班人这个教育根本目的。

二、从五育并举到五育融合的合理性

近年来，国内学界已经关注到五育并举与五育融合的差异，并开始倡导从五育并举走向五育融合。如李政涛、文娟指出，从五育并举到五育融合已经成为新时代中国教育变革与发展的基本趋势，童宏亮、吴云鹏从系统论和教育尺度层面认为"五育"的发展应该由"还原"思维走向"系统"思维，由"培养人力"到"培养人"，解决"五育"的割裂、偏废、叠加等问题。但是，就目前的研究来看，关于从五育并举到五育融合的合理性还未充分地建立起来，需要进一步论证。因此，我将从政策逻辑、学术逻辑、实践逻辑三个方面对从五育并举到五育融合的合理性进行论证和阐明。

首先，从政策逻辑来看，从五育并举到五育融合是贯彻落实新时代党的教育方针和有关重大政策的需要。自2018年全国教育大会之后，国家出台了一系列政策促进"五育"的有效实施。在一些实施方案中，已经在强调五育并举的同时提出了五育融合的思想，从而为从落实五育并举到走向强化五育融合提供了政策依据。如2019年，中共中央、国务院发布的《中国教育现代化2035》中明确提出更注重学生全面发展，大力发展素质教育，促进德育、智育、体育、美育和劳动教育的有机融合。这里明确提出"五育有机融合"的要求,把"五育有机融合"看成发展素质教育的现实路径。又如2020年,中共中央、国务院发布《关于全面加强和改进新时代学校体育工作的意见》,提出学校体育对于培养学生爱国主义、集体主义、社会主义精神和奋发向上、顽强拼搏的意志品质,实现以体育智、以体育心具有独特功能,明确指出体育在智育、德育、美育乃至心理健康教育等方面的功能。如今,倡导从五育并举走向五育融合不仅是一种学术主张,更是一种国家政策的任务要求。

其次,从学术逻辑来看,从五育并举到五育融合是遵循青少年身心发展规律和教育规律的客观要求。人本身是一个有机体,人的发展具有整体性,这个道理不难理解,但是一旦具体到培养过程,人们往往会忘记这个基本原理。人的发展虽然可以划分为不同的领域,如品德、智力、体质、审美和劳动素养等,但是这种划分只是理论上的。在人的实际发展过程中,各个领域的发展并不是割裂的,而是一个领域的发展总会对其他领域产生影响,并以其他领域的发展为条件。人的发展的各个领域之间存在着显著的关联性、互动性和整体性。依据上述原理,指向人的全面发展的"五育"之间,不是完全相互独立的,而是构成了一个有机的整体。在"五育"当中,德育工作对于其他各育的意义很容易理解,就智育、体育、美育和劳动教育工作而言,在实施过程中,也并不是分别地达成目标而不对其他发展领域产生影响的。

教育部前部长陈宝生提出,教育工作者要努力在"一育"中发现"五育"、渗透"五育"、落实"五育",同时在"五育"中认识"一育"、把握"一育"、实现"一育",倡导在五育并举的基础上走向五育融合。这反映了人的发展的整体性和教育工作的整体性要求,对于克服实际工作中将人的发展的不同领域以及全面发展教育中的不同组成部分简单、机械地并列乃至生硬地割裂问题具有重要意义。

再次,从实践逻辑来看,从五育并举到五育融合是解决学校"教育拥挤""课程拥挤"现实问题的迫切需要。新时代党的教育方针的提出得到了广大教育工作者的积极支持和热烈回应,大、中、小学都在努力完善德智体美劳全面发展的育人体系。然而,许多学校在实践中机械地理解全面发展任务和各育的价值,孤立地对待各育工作,简单地将它们并置强调。这很容易导致各育在实施过程中各自为政、相互割裂和彼此封闭,导致学校的"五育"条块化、专门化、碎片化等问题。

各育在实施过程中都会提出人、财、物等资源要求,这种实施"五育"的行动和逻辑必然导致学校的人力资源、财力资源、空间资源等开始紧张,出现"教育拥挤""课程拥挤"。五育融合的提出有助于打破人为设定的"五育"边界,打破教育实践中出现的"五育"内部逻辑分裂、"五育"目标过度分解、"五育"过程条块分割等状况,在一定程度上能有效预防和解决学校"教育拥挤""课程拥挤"现象的发生,实现学校每一项教育教学活动的丰富育人价值,实现五育之间相互生成、相互促进的乘法效应。

三、从五育并举到五育融合的实现策略

在实现五育并举的基础上,深入推进五育融合并非自然而然或一蹴而就的过程,而是一项具体且复杂的系统工程,既涉及认识观念的转变,也涉及学校组织和教育机制的变革,还涉及教师专业能力的提升以及学校评价制度的改革等,需要持续不断地努力。

第一,转变观念。广大校长和教师要深刻认识到五育并举与五育融合之间的区别和联系,认识到从五育并举进化到五育融合的必要性、重要性和紧迫性,在思想上、行动上像重视五育并举那样重视五育融合,深刻认识到五育融合是落实五育并举的实践要求,是全面落实党的教育方针和立

德树人根本任务的实践机制，是造就堪当民族复兴大任、德智体美劳全面发展的社会主义建设者和接班人的必由之路。

第二，加强顶层设计。在同等重视各育价值的同时，构建新的"五育"之间纵向衔接、横向贯通、相互渗透、彼此协作的关系体系，推动五育融合实践体系的形成。具体来说，从学校各部门分工和协作而言，德育处不仅要指导德育工作，也要指导教学管理、文化建设等各方面工作，完善"三全育人"落实机制。教学处（课程中心）不仅要研究和指导教学，也要研究和指导如何突破认知主义的教学模式，从更加综合的价值视野开展教学设计、教学评估。美育中心不仅要研究和指导如何通过艺术教育来实施美育，也要研究和指导如何实施学科美育、自然美育、社会美育等。劳动教育也不仅是综合实践技术课程教师的事情，所有学科的教师都要结合本学科的特点关注和实施劳动教育。

第三，提升教师五育融合的意识与能力。五育融合的关键在于教师。在五育融合育人实践中，教师要转变传统上对学科课程价值的刻板印象以及对一些非学科课程的偏见，为那些在刻板印象中被认为"浪费（教学）时间"的课程正名。教师要突破"学科教师"的身份（物理老师、化学老师、道法老师等），强化"教育者"与"人生导师"的身份认同，扭转"教学科"的观念，强化"通过学科来育人"的观念。在教研方面，学校可以支持教师转变在传统上单一学科教研的组织方式，根据育人的需求开展跨学科教研，支持教师开发融合课程和跨学科教学。此外，学校还可以挖掘教师在教育教学中开展五育融合的典型经验，深入分析这些典型经验的普遍意义，并以此开展五育融合的校本研修活动，强化教师实施五育融合的敏感性、责任感和实践能力。

第四，构建引导五育融合的学校评价体系。教育评价是教育实践中较为关键的一环，对于教育实践具有显著的导向作用。在深入推进五育并举、实施五育融合的过程中，如果学校的评价体系依然是"唯分数、唯升学"，那么实现预期目标就会困难重重。学校可以通过以下几个方面进行改变。首先，要把促进五育融合作为学校落实立德树人根本任务、提升办学质量和水平的一个重要评价维度。其次，改革课程教学评价、教师专业评价的标准，体现五育融合的思想。比如，在课程教学评价中，增加"课程思政""学科美育"等维度，在教师专业评价当中也要强调教师综合实施"五育"的情况，跳出学科本位的评价逻辑，强化对教师专业发展的综合评价。再次，改革学生评价的目标、内容和方法，以"全面而有个性地发展"为指导，重塑"好学生"的形象。同时，强化学校评价的发展性、融合性和赋能性，促进学校评价与五育融合的良性循环。

第五，将人格教育和社会主义核心价值观教育作为五育融合的桥梁和纽带。"五育"之间，既有各自所侧重的目标和任务，也有共同的目标和任务，这个共同的目标和任务就是培养和造就堪当民族复兴大任的社会主义建设者和接班人。这样的人拥有比较鲜明的人格特征，能够自觉弘扬和践行社会主义核心价值观。就人格特征而言，党的十八大以来习近平总书记对堪当民族复兴大任的青少年的人格特征进行了丰富的论述，如"理想远大""意志坚定""热爱党、热爱祖国、热爱人民""勤奋学习""热爱劳动""团结友爱""不怕困难""心灵纯洁""责任担当"等。就社会主义核心价值观教育而言，习近平总书记提出，教育工作者要帮助青少年"扣好人生的第一粒扣子"，帮助他们从小树立正确的价值观，做社会主义核心价值观的信奉者、传播者和践行者。

人格教育和社会主义核心价值观教育是对所有教育活动的总要求，"五育"中的任何一育都要注意培养青少年的健康和高尚人格以及社会主义核心价值观信念。在此意义上，人格教育和社会主义核心价值观教育构成联结"五育"、沟通"五育"甚至是融合"五育"的桥梁与纽带，同时也为深入实施五育融合指明了方向。

四、实现五育融合的方法

针对五育融合中的瓶颈难题，已有先行者进行了多方面的实践探索。破解"融合日常"之难，是将课程与教学作为五育融合日常化的基本方法，让五育融合进学科、进课程、进教学，实现学科化、课程化、教学化，进而走向体系化。虽然各地各校所选择的五育融合的切入点或抓手，如学科科目、课程内容、教学方式以及建构而成的课程与教学体系有所不同，但共同生成了一种行之有效的五育融合范式："引领—融合"式。它分为三种类型，包括"某育融合"式、"教材融合"式和"活动融合"式。

第一种类型是"某育融合"式。即"一育引领，诸育融合"，是以"一育"为切入点，通过在"一育"中发现"五育"、渗透"五育"、落实"五育"，在"五育"中认识"一育"、把握"一育"、实现"一育"，达成"五育"的全面渗透、全面贯通，其实质是挖掘和转化"一育"的综合育人价值。比如，以劳动教育为引领，实现以劳树德、以劳增智、以劳强体、以劳育美、以劳创新。这一范式在小原国芳那里，已经有了初步探索。他选择的五育融合起点就是他特别重视的劳动教育，或称劳作教育。在他眼里，"劳"是额头流汗，"作"是"创作"，而不是"作业"。他认为，真正的智育不可能由注入、死记和为考试而用功的方法获得，而是由苦学、动手制作、体验、试验、思考和力行而获得。真正的德育也同样在活动中产生，除了劳作的体验之外，别无成就之途。劳作可以磨炼坚强的意志，能够修炼和培养正直、忍耐、克己、节制等品质，并获得强壮、健康的身体。劳作教育是"真正的教育"，是"真正人的教育"，是"全人的教育"。这一从劳作教育出发而来的"全人的教育"的过程，就是五育融合的过程。

第二种类型是"教材融合"式。主要策略是以教材作为引领载体，以五育融合为视角和眼光，挖掘教材内容中的"五育育人点"。例如，重庆北碚区以"单元教学"为载体，实行基于五育融合的整体教材解读和教学设计，全面挖掘单元教学内容中的"智育育人点""德性育人点""审美育人点""健康育人点""劳动育人点"，进而加以有机融合。

第三种类型是"活动融合"式。选择以某种活动作为引领载体来融合各育。以时下流行的研学旅行为例，它有极为丰富的育人价值，帮助学生进行自然探究，有助于促进学生的实践创新能力，丰富情感体验，学会善待生命，有利于学生的社会适应，在学会共处、责任担当、问题解决、家国情怀等方面展现育人价值。显而易见，研学旅行既不是单纯的旅游，也不是纯粹的学习，它是一种探究性学习与教育性旅行的融合，是旅行中的研学，是研究性学习、体验式学习、实践式学习的结合，是自然教育与社会教育的融通，更是德智体美劳之间的五育融合。

第三节　AI 赋能"五融两线 N 点"以体育人模式的构建与实践

本研究通过引入强大的智慧体育教学与测评系统（简称"系统"），致力于提高学生的体质健康水平，突破育人过程中学校与家长关于孩子成长信息不对称的困境，更好地实现学生的五育融合发展。系统集成了学生的体质数据、运动过程、教师教学行为等多维度信息，以科学手段优化教学与评价体系，遵循"美好教育"理念，精准实施教学策略。数据分析的应用不仅提高了学生的健康水平，还实现了自我评价与外部评价的有效整合，增强了反馈的客观性和多元性。系统的监测功能确保了教学管理的全面性、科学性与智能化。华师附小创新的"五融两线 N 点"育人模式，使 AI 技术与体育教学全过程结合，展现了智慧体育教学的新趋势。本研究的实践不仅展示了智慧体育教学与测评系统在提升学生体质健康方面的有效性，也体现了科技赋能五育融合的现代教育理念，为智慧体育教学的研究提供了新视角。

2019 年，中共中央、国务院发布的《中国教育现代化 2035》中明确提出"更加注重学生全面发展，大力发展素质教育，促进德育、智育、体育、美育和劳动教育的有机融合"。2022 年，教育部部长怀进鹏在全国教育工作会议上提出实施国家教育数字化战略行动。《"十四五"数字经济发展规划》中提出实施社会服务数字化提升工程，深入推进智慧教育。华师附小倡导"美好教育"，努力让每一个孩子的人生都因教育而美好。"美好教育"的文化内核是激发每一个生命的活力，充分尊重每一个生命。华师附小把"美好教育"与"智慧体育"相结合,推进"教、学、测、练、评、赛、管"一体化创新,探索 AI 赋能下的"五融两线 N 点"以体育人创新模式,实现以学习者为中心的小学体育教学、评价、管理的数字化升级,促进了学生的全面发展。

一、背景与理念

(一)新时代教育改革发展对学校体育工作提出新要求

近年来,中共中央、国务院印发的《深化新时代教育评价改革总体方案》中指出:要客观记录学生日常体育参与情况和体质健康监测结果,定期向家长反馈。《关于全面加强和改进新时代学校体育工作的意见》《关于深化体教融合促进青少年健康发展的意见》等文件指出:实现学校体育以体育智、以体育心的独特功能,让学生的锻炼与学习协调发展。

《中华人民共和国体育法》(2022 修订)明确提出,国家优先发展青少年和学校体育,促进青少年全面发展,主要体现在以下五个方面:①增强体育健身意识;②推动体育活动的普及;③促进身心健康;④完善顶层设计;⑤家校共同关注。

《义务教育体育与健康课程标准(2022 年版)》指出,体育与健康教育是实现儿童青少年全面发展的重要途径,对促进学生德智体美劳全面发展具有非常重要的价值,对实现中华民族伟大复兴具有重要的现实意义和长远意义。增强学生体育健身意识、提升体育课上课下育人成效、全面提高学生的身体素质和综合素养、完善体育工作管理顶层设计、提升家校共育意识及体育教育的高质量发展已经成为学校体育工作面临的重要任务。

（二）AI 技术的发展对学校体育教育产生深远影响

2023 年 6 月召开的全国教育数字化现场推进会强调，要站在中国式现代化的高度去认识教育数字化的重要战略意义，把握发展规律，抓住历史机遇，充分利用现代技术手段，加快教育、科技、人才一体化发展。

AI 技术的发展对体育教育产生了深远的影响，既包含机遇也蕴含挑战。一方面，AI 技术给学校体育教育所带来的机遇主要体现在教学方法的革新、教学效率的提升、教育资源的优化分配、智能训练环境的构建四个方面。学校可以借助教育数字化、智能化手段优化教育过程，提高教育质量，并满足不同学习者的需求。这既是机遇，也是路径与方法，反映了 AI 技术正在推动体育教育向更高质量的方向发展。另一方面，在学校体育教育中应用 AI 技术也蕴含一些挑战，包括学生隐私和数据安全、教师过度依赖技术、教师技术能力受限、伦理道德等问题。从底层逻辑来看，AI 是由人教会机器学习，以帮助人类更好地解决问题，因此，如何合理且适度地利用 AI 非常重要。

（三）五育融合理念要求突破传统体育学科教育瓶颈

传统小学体育教育存在课程内容单一、课时量无法保证、师资力量不足、教学方法保守、缺乏社会和家庭支持、缺乏综合性教学等问题。五育融合理念是指将德育、智育、体育、美育和劳动教育五个方面有机结合起来，形成一个统一的教育体系，以促进学生的全面发展。这一理念强调教育不应仅仅关注学生某一方面的发展，而应注重学生在道德、智力、体质、审美和劳动技能等多方面的均衡成长。五育融合理念认为：德智体美劳五个方面是相互联系、相互促进的，通过融合实施，可以更有效地促进学生的个性发展和社会适应能力，帮助学生形成全面的世界观和人生观。五育融合的理念与华师附小的"美好教育"理念如出一辙，学校借助体育运动、教学、锻炼与竞赛，努力让每一个孩子拥有美好的体育生活，关注每一个生命的美好发展与身心健康，并衍生出了以"人文融入，科研引领，面向全体，全面发展"为学科建设内核的美好体育。

二、AI 赋能"五融两线 N 点"以体育人创新模式的内涵与实施步骤

（一）内涵

随着近年来数字化、人工智能等技术的发展，华师附小在 AI 赋能的基础上提出了"五融两线 N 点"以体育人创新模式。如图 1-1 所示。

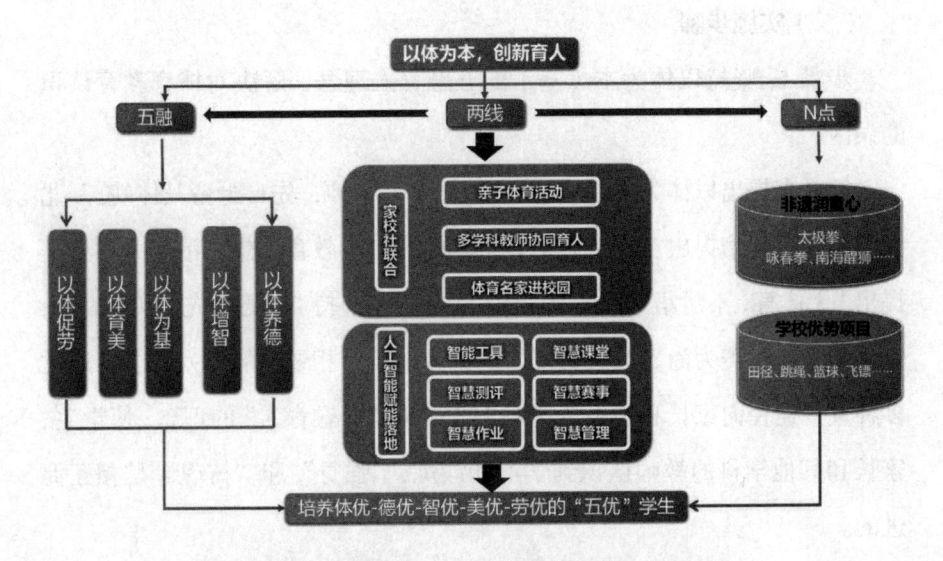

图 1-1 AI 赋能"五融两线 N 点"以体育人创新模式

五融两线 N 点："五融"是理念，指德智体美劳融合发展，"两线"是手段，指家校社协同与 AI 赋能，"N 点"是内容，指"三美"跨学科主题式体育课程。

为解决体育教学中体育与智育、德育、美育、劳育的培养长期处于分离状态的问题，在 AI 技术的支持下，构建了"以德为先、以智为源、以体为基、以美为尚、以劳为要"的"五融两线 N 点"育人模式，实施家校社协同共育和 AI 赋能体育与健康课程实施的育人路径，创新了"美健（体育与健康基础）+ 美优（特长训练）+ 美满（特色发展）"的跨学科主题式美好体育育人课程。在实践过程中，坚持总体协调，形成战略，解决对体育教育认识的误区；坚持分类实施，保证成效，解决以体育人难以落地和实施的困境；坚持特色引领，AI 赋能构建"三美"体育课程，解决全体学生参与和特长学生培养的矛盾。

（二）实施步骤

步骤 1：坚持以体为本（基）的五融育人理念，解决对体育教育认识的误区。

毛泽东提出以体为本的思想："欲文明其精神，先自野蛮其体魄。"北大前校长蔡元培提出"完全人格，首在体育"的教育思想。清华大学更是提出"无体育，不清华"的育人理念。华师附小坚持"以德为先、以智为源、以体为基、以美为尚、以劳为要"的德智体美劳相融合的育人理念，通过多种宣传途径向家长和学生传达"以体为本""五融育人"的理念，使学生、家长和其他学科的教师认识到学习和锻炼、"强身"和"铸魂"是相互促进的。

步骤 2：建立以校为本、家社协同的系统过程模式，解决以体育人难以落地和实施的困境。

华师附小基于一体两翼家校社协同育人的系统过程模式，建立了特色"非遗"体育课程，举办了丰富的体育比赛，构建了多层次体育训练体系，形成了认识与熏陶、行动与渗透、反思与提升的系统过程模式，家庭和社会全面协助、支持、强化校内的育人效果，解决了"五育"时间分配不当、内容安排不合理和价值冲突的问题。AI 提升了教学效率和趣味性，打通了家校联系，解决了学训矛盾。以下为以校为本的"五融两线 N 点"创新育人实施的过程。

AI 赋能体育教学与管理实施全过程如图 1-2 所示，其中学生在校内通过智慧课堂习得各种体育项目训练知识，并在智能测评工具的指引下获得个性化体育训练指导报告及方案，然后在校外完成智慧体育作业，并展开线上比赛。在此过程中，充分发挥家校社结合的优势，针对不同学生特性，设置分类实施措施并利用智能技术有效赋能以保证教学效果。基于校内"学会"与校外"勤练""常赛"，学校管理者与教师借助 AI 体育教学与测评系统进行智慧管理。

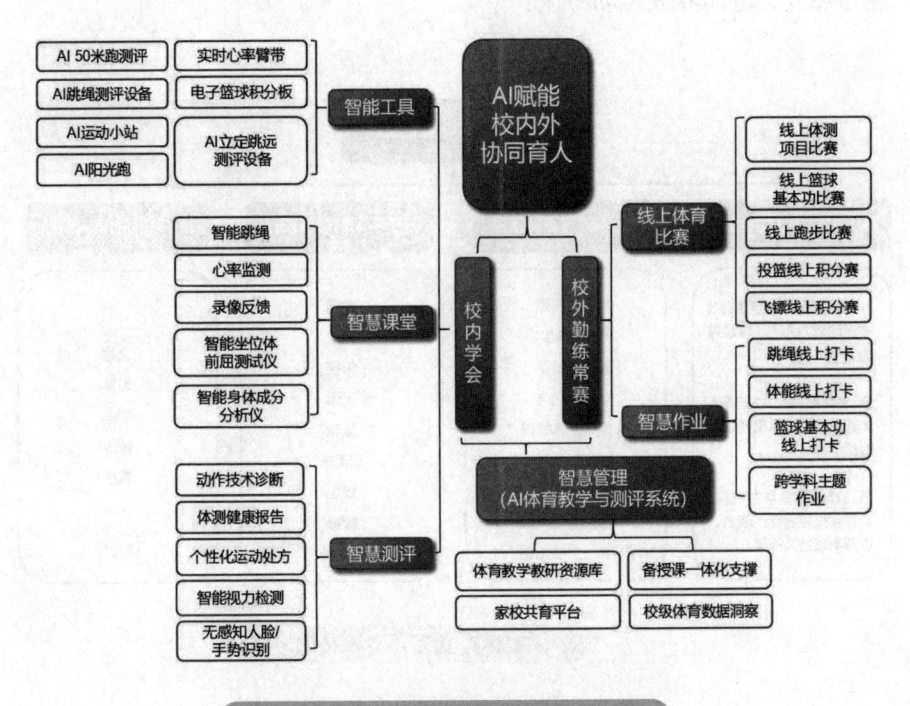

图 1-2 AI 赋能体育教学与管理实施全过程

体育教育内容及活动分类设计的思路如图 1-3 所示。首先，针对不同学龄的学生，合理设计锻炼内容及其比重，既保障运动能力的全面发展，为德育与智育提供健康保障，又保障对特定内容的强化训练，形成运动记忆，为德育与智育的有效展开提供推力，还针对性地开发运动能力，在普遍体育素质提升中发现竞技体育的苗子，为德育和智育打造榜样创造条件。其次，针对不同体质的学生，有序开展规范训练与课程训练，既有效发挥体育锻炼的基础功能，又为有条件、有能力和意愿的学生提供合理的强化训练。再次，通过课上课下的智慧体育设备佩戴与使用、日常体育器材管理、协助老师布置体育场地的过程，养成学生的劳动意识与劳动习惯，提高学校整体劳育水平。最后，借助跨学科主题学习，让学生通过非遗体育项目提高审美情趣，提高传统文化认识与民族认同感，从而产生运动兴趣与热爱，进而养成运动习惯。

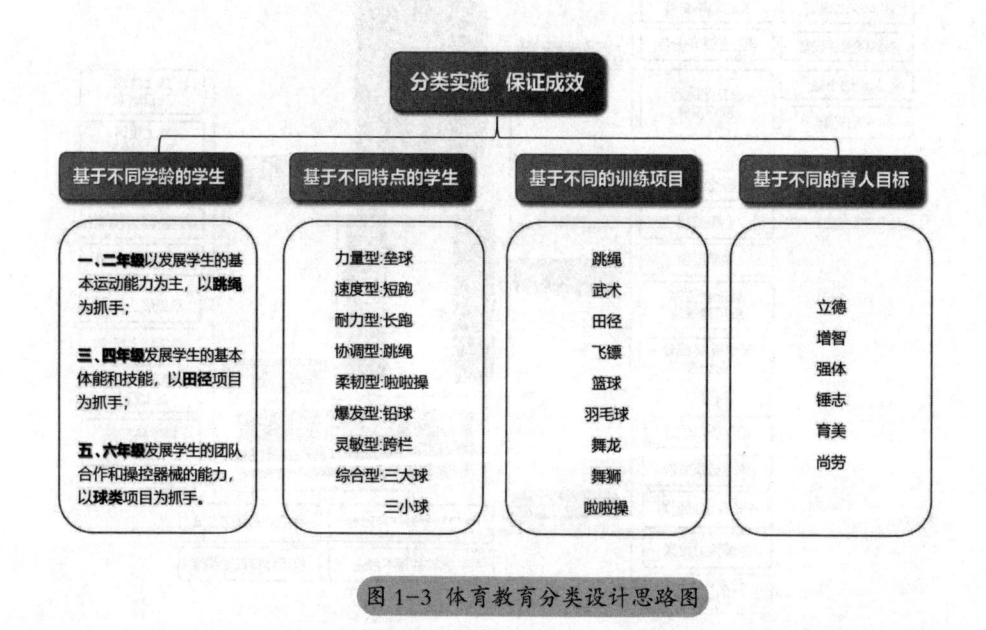

分类实施 保证成效			
基于不同学龄的学生	基于不同特点的学生	基于不同的训练项目	基于不同的育人目标
一、二年级以发展学生的基本运动能力为主，以**跳绳**为抓手； 三、四年级发展学生的基本体能和技能，以**田径**项目为抓手； 五、六年级发展学生的团队合作和操控器械的能力，以**球类**项目为抓手。	力量型:垒球 速度型:短跑 耐力型:长跑 协调型:跳绳 柔韧型:啦啦操 爆发型:铅球 灵敏型:跨栏 综合型:三大球 三小球	跳绳 武术 田径 飞镖 篮球 羽毛球 舞龙 舞狮 啦啦操	立德 增智 强体 锤志 育美 尚劳

图 1-3 体育教育分类设计思路图

AI 技术赋能体育教学和活动在分类实施、保证成效的思想指导下，形成了以体为本的创新育人模式。AI体育教学与测评系统对学生的体质和体测成绩进行科学分析,通过可穿戴设备让体育锻炼实现了过程评价和反馈,为因材施教、因人选项提供决策依据,实现精准收集、精准分析、精准决策。每个学生都会收到AI体育教学与测评系统推送的个性化的运动锻炼计划,精准的锻炼内容提高了他们的锻炼效果。在体育课上使用心率监控设备监控学生的运动量,可以预防运动猝死,也有助于教师对运动密度和运动强度教学目标进行调整和反思。教师使用智能跳绳进行1分钟测试,系统会由高到低排好学生的跳绳测试次数,这极大地提高了体育课的效率。学校使用智能短跑测试设备进行短跑比赛后,不再需要为每个跑道安排计时员,也不用记录成绩,显著地节约了人手和提高了办赛效率;使用AI运动小程序布置线上体育比赛,打破了办赛的时空限制,有效地传播了生活化体育锻炼的理念;使用AI运动小程序布置家庭体育作业,解决了家庭体育作业布置容易检查难的问题;使用身体成分分析仪了解学生的身体状态,有利于对学生做出精准的增肌或减脂计划,降低超重或过轻学生的比例。

步骤3:特色引领,构建"三美"体育课程,解决全体学生和特长学生培养的矛盾。

学校为学生打造了"一校四品"特色体育品牌,以特色项目引领的吸引力来激发学生锻炼的主动性、调动教师的积极性、统合家校的参与性,这是学校特色锻炼保证成效的重要方式。

体育课程的设计是以体为本的"五融两线N点"创新育人模式实施的基础。从课程目标来看,"三美"体育课程主要包括美优(特长训练)、美满(特色发展)和美健(体育与健康基础),如图1-4所示。

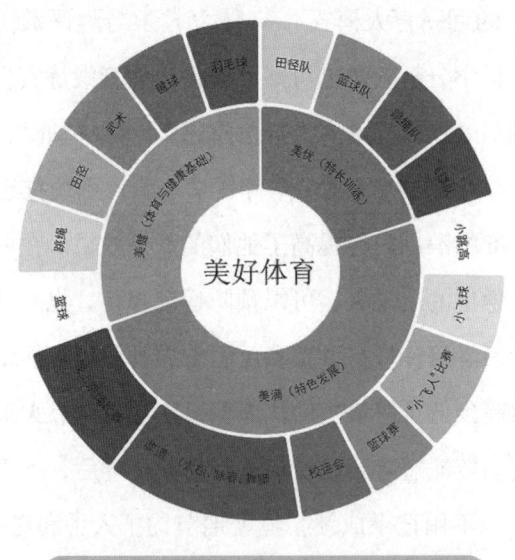

图 1-4 华师附小的"美好体育"课程体系

美优课程是通过学校各种运动队常年的课外集训,展现学生不同的运动天赋。美满课程是通过开设舞龙、舞狮、咏春拳等非遗特色课程,丰富学生的运动"菜单",提升学生对体育课程的满意度。美健课程即通过体育课普及田径、篮球、跳绳等运动基础项目,实现强身健体的目标。

三、AI 赋能"五融两线 N 点"以体育人创新模式的应用场景与实践成效

近些年,围绕着小学体育"教、学、测、练、评、赛、管"等多个场景,华师附小探索出了 AI 赋能下的"五融两线 N 点"以体育人创新模式,并通过智慧体育实践,真正落实精准育人、提质增效的目标,切实提升了学生的体质健康水平与学校的体育管理水平,具体体现在以下五个方面。

（一）以体为本，智教、精练、巧测、准评助育人提质增效

以体为本，强调健康的身体是发展其他四育的基础，也是发展其他四育的方式。智慧体育建设覆盖校园全场景、全人群。通过校园体育大数据平台、AI智慧操场、AI运动小站、AI运动测试仪、AI运动小程序覆盖体育课堂教学、课后一小时常态运动、体育公开课、运动会、体测、考试和居家运动场景。以下以"课间十分钟""课堂教学""运动训练"三个应用场景为例进行说明，见表1–1。

围绕"课间十分钟"场景，结合心率监控设备、智能飞镖机、AI运动小站、游戏化的运动锻炼视频，学校编排了适应不同年级学生的课间活动，实现了课间活动强度提升、运动密度提升、运动安全系数提高、学生体测成绩提升；围绕"课堂教学"场景，结合智慧操场中的立定跳远测评设备与反馈结果优化教学内容，学校打造了立定跳远精品系列课，实现了学生立定跳远能力提升、测试效率提升、教学效果提升等；围绕"运动训练"场景，结合短跑测试设备，学校补齐了篮球队员速度能力短板，研究并提升了队员的篮球战术水平，实现了队员50米分段速度提升、50米速度提升、篮球快攻战术成功率提升等。

以田径为例，经过反复实践，近年华师附小在区级、市级、省级的学生田径比赛中取得了不错的成绩：2015年至2023年共6次获天河区中小学生田径运动会小学组团体总分第一名，2021年获得广州市体育传统项目学校田径比赛小学组团体总分第二名，2022年获广东省中小学田径锦标赛小学组团体总分一等奖，部分奖杯如图1–5所示。

表 1-1 智慧体育场景下 AI 工具应用效果举例

应用场景	目标产物	AI 工具	实施方法	测试指标	应用效果
课间十分钟	课间十分钟运动锻炼操（含锻炼形式、锻炼组数、锻炼次数和间歇时间）	智能体育课智能器材	1. 排三组适合水平一至水平三的课间十分钟教室运动操，结合心率监控设备，调整编排运动操内容的运动类型、负荷强度，直至运动设备与空日对照组课间十分钟水平间的差异变化，研究课间十分钟对学生体质健康水平的影响，佐证课间十分钟操课习的有效性与科学性	1. 平均心率 2. 运动强度 3. 运动密度 4. 心率预警 5. 体测成绩	1. 课间运动强度提升 2. 课间运动密度提升 3. 运动安全提升（心率预警人数下降） 4. 学生体测成绩提升 5.《校本课间操锻炼方案》1套
课堂教学	立定跳远精品系列课（含立定跳远单元教学计划、立定跳远精品系列课教案、学生运动档案）	智慧操场立定跳远运动监测	1. 完成试点班级立定跳远指标第1次测试采集 2. 根据班级报告异常指标问题，记录教学优化第2节教案并实施 3. 完成试点班级立定跳远第2次测试采集 4. 根据班级报告异常指标改善情况（如未有效改善则继续其他异常指标调整教学内容，得到有效改善，则根据第2步结论，继续调整教学内容） 5. 直至所有学生完全掌握立定跳远技术	1. 起跳阶段： ①起跳角度； ②摆臂幅度 2. 腾空阶段： ①腾空时间； ②腾空高度 3. 跳远成绩 4. 教学效率 5. 教学效果	1. 学生立定跳远能力提升 2. 立定跳远测试效果提升 3. 立定跳远教案教学效果提升（教案相较于传统教学，学生掌握立定跳课时更少，成绩更好等） 4.《校本立定跳远单元计划与教案》1套
运动训练	补齐篮球队员速度能力短板，研究速度对篮球战术的影响	智能体育课短跑测试仪	1. 前测：①获取队员战术执行成功率、速度；②统计队员50米分段速度 2. 筛选队员，统计队员4阶段成绩与50米测试成绩低于平均线的篮球队员 3. 对低于平均线水平队员进行3周专项训练 4. 后测：①分析训练效果；②分析篮球战术执行成功率	1. 队员50米分段速度 2. 队员50米速度 3. 队员篮球战术成功率	1. 队员50米分段速度提升 2. 队员50米速度提升 3. 队员篮球战术成功率提升 4.《速度能力对篮球战术能力影响》研究报告1份

图 1-5 华师附小获得的部分奖杯

（二）"三美五优"，精准教学打造智慧体育课堂

"三美五优"是指通过 AI 技术赋能"美健""美优""美满"课程，培养德、智、体、美、劳优秀的学生。在体育课程开始前，教师先深入分析学生群体在过去一段时间里的体质和运动能力数据，并根据具体的教学目标来设定教学标准和学生的心率警戒线，进而策划出一套周全的教学计划和专门的体育训练方案。

在课程进行时，智慧体育教学与测评系统通过人脸识别技术确认学生身份，语音提示系统会引导他们进行各项测评，并将结果实时显示在教师的平板电脑上，极大地提高了课堂教学的效率。同时，摄像头会自动记录学生的运动过程，教师可以利用视频回放、慢动作播放、画面放大和定格等功能，多角度地解析和指导学生的动作。技术动作的每一个细节、要素、关键点和难点，都会被清晰、直观、形象地展现给学生，让他们能更快、更全面地掌握动作技巧。此外，通过可穿戴设备监测心率，教师可以及时观察学生的体力负荷情况，确保运动过程的安全性。

在课程结束后，教师会利用系统生成详细的班级报告和针对每个学生的个性化报告，实现对体育教学过程中动态数据的持续记录和监控。界面示例如图 1-6 所示。

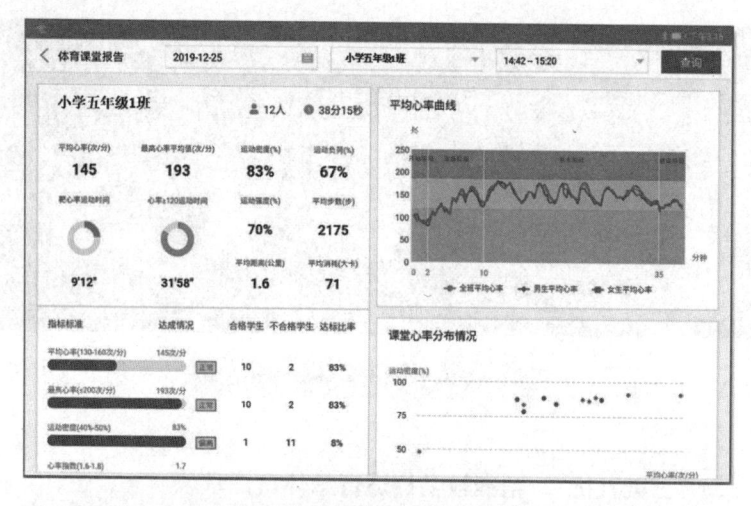

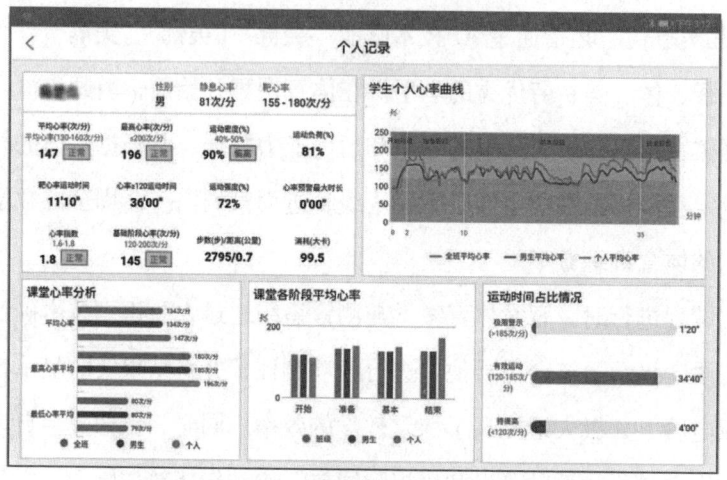

图1-6 系统教师端的班级报告、个人报告界面

（三）数据赋能，提升学生体质健康水平

在课堂、课后和校外，通过可穿戴设备和AI运动测试仪等，系统可以智能采集学生的体质健康信息和运动数据，包括日常心率及心率走势变化、运动状态、体育训练、计步卡路里消耗、运动表现（出勤率、参与度）、训练目标达成情况、运动参与时长、运动项目成绩等，结合新课标要求，

针对水平一、水平二、水平三的课程内容达成度进行体育核心素养的评价。系统关注学生成长和发展的过程性评价，能够快速、高效地记录教学过程中学生的体能、健康教育、专项运动技能等表现情况，教师能够以此为据提升学生的核心素养。

智慧体育标准化考场根据《国家学生体质健康标准》建立数据模型，自动计算体测分数和等级，从多个角度图形化、可视化地分析学生的优秀率、良好率、不及格率，能够为体育教学提供决策支持。教师通过系统分别在学期开始、期中和期末进行学生体质健康数据智能采集，建立学生体质健康档案，分析学生各项目成绩变化趋势，评价学生各项素质水平，以实现"改进结果评价、强化过程评价、探索增值评价、健全综合评价"，助力学生健康成长及综合素质全面发展。在2022年进行的国家学生体质健康抽测中，华师附小学生的总体优良率为76.19%，优秀率为42%，及格率为100%，相较《国家学生体质健康标准》2022年达标优良率的要求高出26.19%。

（四）两线结合，落实学生自我评价和外部评价

两线结合是指家校社共育与 AI 赋能教育教学相结合。在教育数字化背景下，小学体育教学评价可以更好地开展常态化的学生自我评价和家庭、社会的外部评价。学生自我评价是学生基于一定的标准对自己的学习过程或结果进行反思、判断及改进的过程。教师要激励学生开展具有学习导向的学生自我评价，在多样化的活动中结合自我评价认识自我、促进自我意识发展。

以跳绳运动为例，在新冠疫情期间，华师附小积极开展线上体育教学，鼓励学生开展多样化的体育锻炼和自我评价活动。比如，三年2班的黄同学在系统个人空间内分享道："坚持每天体育打卡，我一开始跳绳每

分钟 140 个左右，到后来每分钟可以达到 200 个。我还记得我第一次打卡仰卧起坐作业，30 个仰卧起坐我做了 3 分钟，还是在妈妈的帮助下完成的，今天的我可以在 40 秒内完成。我的体育等级也从开始的等级 6 提升到了现在的等级 12。"除此以外，他还申请了"体育锻炼小达人"称号，以此自我激励。黄同学的部分打卡记录如图 1-7 所示。

图 1-7 黄同学在系统个人空间内的打卡界面

除了学生自我评价，美好体育的"美好"还体现在充分发挥家校合作的作用，借助系统家长端实现家长监督与评价的作用，满足体育家校互动的需求，主要包括体育作业、课堂记录、体质健康报告、居家运动等。以课后"1 分钟跳绳"作业为例，家长、教师可以看到学生作业完成情况并可以进行作业点评，真正落实多主体评价。家长端界面如图 1-8 所示。

图1-8 系统家长端的学生体育作业报告界面

（五）系统监测，实现全面、科学、智慧的管理

借助 AI 体育教学与测评系统中的数据中心，教师可以基于不同的年级学情、班级学情、学生学情、项目测评情况等，有针对性地调整教学策略，提升教学效果。例如，基于学生体质健康报告，系统生成每个学生的个性化运动处方并给出有针对性的训练提升建议，体育教师给学生提供个性化的锻炼指导，科学且有效地提升学生的体质健康水平。如图1-9所示。

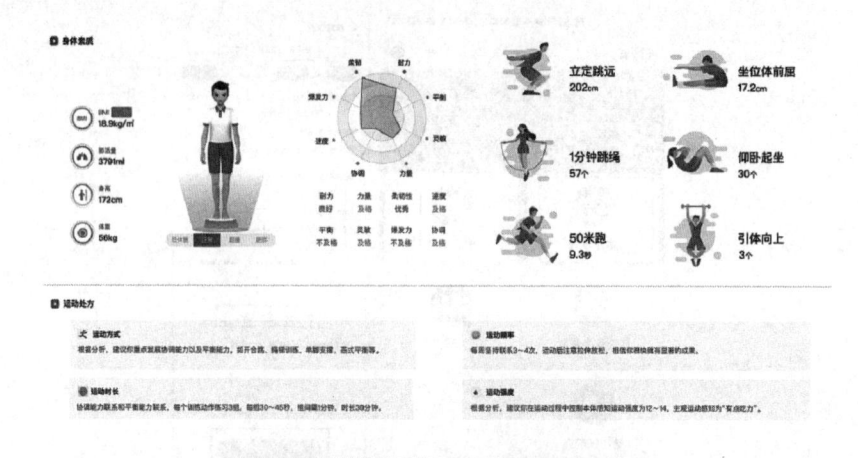

图 1-9 系统的学生个性化运动处方界面

学校管理者实时掌握系统的开课情况、学生参与情况、测试总人数、体育成绩分析、各项运动优秀率/良好率/及格率/待提升率、课堂教学分析、学校运动安全指数、明星班级、明星老师、明星学生等数据，对学校的体育工作成效进行实时的查看了解，激励师生加强体育教学和体育锻炼，实现全校体育的全面、科学、智慧管理。如图 1-10 所示。

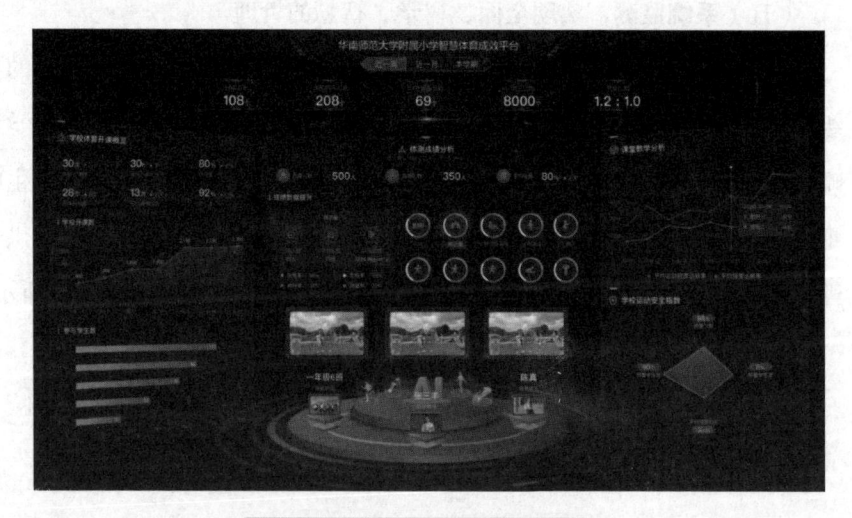

图 1-10 系统的校级体育数据界面

2023年，华师附小成功入选教育部"中小学人工智能教育基地"。学校从学科融合到素养导向，持续开展AI与"五育"深度融合，促进AI赋能下的"五融两线N点"以体育人创新模式的升级。

四、总结

华师附小经过多年的实践探索，践行"五融两线N点"育人模式，通过以学生为中心的小学体育"教、学、测、练、评、赛、管"一体化、数字化升级，开展常态应用、精准教学、多维评价、科学管理，落实五育融合，促进学生全面发展。小学体育数字化转型是近年来华师附小智慧教育建设的重要发力点，下一步，学校将深入探索AI赋能小学生运动素质和体质健康高质量发展的动态模型，积累系统的应用数据和经验，构建可持续发展的生态系统。

第四节　成效卓著的五育融合案例

本节将以华师附小四年5班为例和读者分享体育教育对学生智育和德育的影响。

狼营——四年5班的班名。这个班里的学生严守纪律、热爱学习、热爱劳动、热爱运动。运动是他们的强项，他们十八般体育项目样样精通：跑步、足球、篮球、游泳、跳远、跳绳、武术、跆拳道、自行车、攀岩……在强身健体的同时，体育也为他们的学习提供了有力的保障。在校运会上，四年5班的学生在60米跑、100米跑、200米跑、400米跑、4×100米跑、跳远、跳高、垒球等多个项目上打破校运会纪录，连续四年荣获年级总分第一的佳绩。2022年，"狼营"更是以总分271.5分的成绩获得校运会的全校总分第一名。在"小飞人"短跑比赛中，"狼营"的男生、女生均表现优异，女生有3人进入决赛并获得了冠、亚军，男生有2人进入决赛。在2023年天河区小学生篮球比赛中，吴映妍同学与队友一起获得冠军。

四年5班中队也涌现了多名优秀少先队员。大队委陈诺，华师附小电视台台长，连续四年获得"三好学生"称号，获得天河区红领巾二星章，在2022年广东省中小学粤韵操交流展示活动中荣获小学组二等奖，在2023年获软笔书法六级证书；大队委戎仲桓，华师附小组织部部长，连续四年获得"三好学生"称号，获得天河区红领巾二星章，获得广东省第十八届少儿小提琴演奏比赛金奖、中国青少年音乐比赛·蜂鸟音乐奖三等奖、第二十八届"YMO"青少年数学思维研学交流活动全国总决赛金奖；黎亦彤，连续三年获得"三好学生"称号，获得广东省中小学生跳绳锦标赛小学组混合 60 秒交互绳速度跳第四名、小学组 4×30 秒交互绳接力（女子）第六名，在 2021 年"七星杯"广州市中小学生跳绳比赛中获得女子 4×30 秒单摇接力低年级普通组第二名，在 2023 年广东广播电视台体育频道第一届青少年百人跳绳校际赛总决赛上，获得个人总决赛亚军；龙思源，获得 2023 年广州市体育运动传统学校中小学生田径运动会小学女子丙组跳高第二名、2023 年天河区中小学生田径运动会小学女子丙组跳高第一名；陈德仁，获得 2023 年广州市体育运动传统学校中小学生田径运动会小学男子组垒球第七名等荣誉。

"狼营"在二年级时被评为"广东省少先队红旗中队"，四年级时被评为"全国红领巾中队"，是华师附小唯一的"全国红领巾中队"。"狼营"是获得华师附小守纪模范中队称号最多的班级，是 VIP 免检班级。五年级时，"狼营"各科成绩排在年级第一名，语文成绩全员优秀，做到了德智体美劳全面发展。

据统计，"狼营"有 30 人参加了校田径队、跳绳队、跳高队、小垒球队、舞蹈队等。他们秉持着"更快、更高、更强、更团结"的奥林匹克精神，坚守着"团结、忠诚、勇敢、坚强、智慧、忍耐、执着、谦虚"的"狼的精神"，奋勇向前，勇创佳绩，为"狼营"争光，为华师附小争光。

"狼营"是如何成长为一个体育强班的呢？

一方面，这离不开华师附小体育教师的大力支持。他在认真从班内选拔种子选手的同时，善于、乐于听取班主任的意见和建议，接受班主任推荐的人选，为班级大面积提升学生的体育素养起到了关键作用。

另一方面，体育教师及时把班内优秀的或某项体育成绩不足的学生名单反馈给班主任，同时给予可行性指导，班主任则及时把本班学生的学习情况和有助于体育发展的可能性信息反馈给体育教师。班主任与体育教师之间的互动为学生的体育发展、学习发展提供了"双核"动力，架起了跨学科互帮互助的桥梁。

以2022年华师附小校运会为例，"狼营"总分271.5分为全校最高分，打破各项校运会纪录的有10人以上。其中女子跳高2人：龙思源，洪雨欣；男子跳高1人：赖奕宇；200米跑1人：张连圻；小垒球2人：陈德仁，王胤哲；400米2人：刘梓逸，郑思樾；女子4×100米跑4人：王奕婷、兰熙翎、龙思源、洪雨欣。以跳绳队的黎亦彤为例，她进入跳绳队后刚开始并不是十分出色，竞速跳和耐力跳都表现平平，在班里的学习成绩也是中等偏上。在体育教师和班主任牛老师的共同鞭策下，黎亦彤坚持刻苦训练，不但在两年内获得多项跳绳比赛荣誉，而且在四年级期末考试中语、数、英三科总分排名班级第一名。她的进步正是得益于体育：对毅力的培养让她知道坚持就是胜利、厚积才能薄发，学习亦是如此，积跬步方能至千里；体育成绩的进步让她越来越自信，这种自信不断激励她在学习上也越来越自信；体育锻炼激发了她的斗志，同时也激发了她在学习上不服输的精神；体育锻炼增强了她的身体素质，使她的精力更充沛。

体育对潜力生又发挥着怎样的作用呢？这里以"小明"为代称举例。小明成绩不佳，在学习上较吃力，记语文生字词困难，写作文不肯多写字。他参加了田径队后，意志得到了磨炼，运动培养了他不服输的精神。在期末复习的时候，他主动向班主任要了复习资料，课间努力在座位上复习生字词。期末考试时，他一个生字词都没写错，作文内容也写得越来越丰富、越来越生动。他在跳高上技压群雄，四年级时就跳出了130厘米的高度，打破了校跳高纪录。在攀岩运动方面，他也有着得天独厚的优势，拓展时他在众多同学的关注下攀上顶峰，大放异彩。这无形间又增添了他的自信心，让他更愿意把最优秀的一面展现在同学面前。

再以四年级下的期末成绩为例，"狼营"的语、数、英总分成绩排在前7名的学生都是体育队的队员，前15名中有14名学生是体育队的队员。

而班级后17名学生中，仅有6人参加体育队，后3名更是没有一人在体育队中。从上面两组数据不难看出，体育对孩子的智育发展起着至关重要的作用。

下面再从体育对德育方面的促进作用进行分析。

"狼营"秉持着"团结，忠诚，勇敢，坚强，智慧，忍耐，执着，谦虚"的班训，班级纪律是全年级最好的。这得益于他们通过体育明白了很多规则，并懂得遵守规则、维持秩序，谁破坏了秩序他们会去维护。"狼营"的学生懂礼貌。体育精神告诉学生不仅要赢得漂亮，更要尊重对手，赢得更多人的尊重，哪怕是输也要输得漂亮。"狼营"的学生有毅力。体育精神告诉学生坚持就是胜利，跳绳的时候多坚持一下就能多跳几个，跑步的时候多坚持一下离终点就更进一步。这些体育精神对德育的影响是无形的，也是其他教育方式很难做到的。

体育对学生德育和智育的促进作用非常大，这不仅需要体育教师的正确指导，更需要班主任和各科教师的积极配合。

"狼营"的班主任牛老师任教语文并担任班主任工作15年，在此期间带过六届学生，每一届都特别重视体育运动。他的班级团体体育成绩一向十分突出，在华师附小的校运会上，他们有五届都保持着年级第一名，还有一届是年级第二名。牛老师经常和体育教师促膝长谈，了解体育对于学生的好处、班主任在管理中应如何促进学生的体育发展，他做到了体育与德育、智育相辅相成、互帮互助。

有些教师认为，只有学习成绩不佳的学生才会参与体育活动，并且认为参与体育活动会不可避免地影响学生的学习成绩，对此观点牛老师一直持不同意见。牛老师从语文教师兼班主任的角度分析了体育对学生德育和智育的促进作用。

首先，有的教师认为学习成绩好的学生体育成绩不好，所以体育对学习没有起到什么作用。他们没有更进一步地思考：学习成绩好的学生就真的搞不好体育吗？体育有没有可能对学生的学习成绩起到促进作用，进一步提升学生的学习成绩呢？

其次，持上述观点的教师忽视了成绩平平或不好的学生在班级中所占的比例，这些学生的体育成绩好不好呢？如果他们的体育成绩达到优秀的话能不能对学习起到促进作用，从而提升他们的学习成绩呢？

牛老师认为：教师应该把眼光放在全部学生身上，而不仅仅是学习成绩优异的学生身上；更不应只抓学习，要实现学科之间的互助，要看到体育教育对德育和智育的作用。只有用全局视野去看待学生的发展，观察体育教育在每个学生成长过程中的作用，培养出来的学生才是全面发展的学生，这样的教育才是注重终身发展的教育，才是对学生、对教育的尊重。

第五节　五育融合下的非遗教学探索与实践

本节通过分析非物质文化遗产中醒狮（南狮）文化发展的困境，阐述了学科渗透教学对传承发展的必要性及其发展策略。通过学科渗透教学的方式，充分发挥各学科教师的积极性和整合各学科教师的特长，解决师资短缺的问题，同时充分挖掘和发挥醒狮文化在育人过程中的价值，不断寻找非遗传承的契机，解决了醒狮文化传承发展的困境问题，推动醒狮文化的传承与发展。

习近平总书记在党的十九大报告中提出了"坚定文化自信，推动社会主义文化繁荣兴盛"的要求，明确指出："中国特色社会主义文化，源自于中华民族五千多年文明历史所孕育的中华优秀传统文化，熔铸于党领导人民在革命、建设、改革中创造的革命文化和社会主义先进文化，植根于中国特色社会主义伟大实践。"醒狮文化集武术、舞蹈、编织、刺绣、绘画和音乐等多种艺术于一身，入选我国首批国家级非物质文化遗产名录，是岭南地区重要的艺术瑰宝、文化图腾和精神象征。传承和发展优秀的醒狮文化，是每一位中华儿女义不容辞的责任。根据资料显示，目前对醒狮文化研究最为深入的有以下几人。首先是中国龙狮运动协会的黎念忠，其对南海醒狮文化的研究最为深刻，参与编著的《南海醒狮的历史、文化与技艺》一书更是详细记载了南海醒狮的来源、发展、现状等。其次是广东省民间文艺家协会原副主席曾应枫，其主编了《舞动南方：南派醒狮》。最后是林友标，其著作《中华才艺系列：醒狮》讲述了舞狮有南狮和北狮之分，书中侧重于对南狮的介绍，包含了舞狮的文化知识和运动技术。综上所述，国内大部分关于醒狮的研究均是从整体上进行推进，针对学生传承的研究非常稀缺，对于通过学科渗透的方式进行传承的研究更为短缺，本研究希望通过探索学科渗透教学的传承方式，将某个学科的教育内容渗透到各门学科之中，通过各门学科课程化整为零地实施教育。这种课程模式，便于将这个学科领域的各方面内容分门别类，使学生在各学科的学习中获得相应的知识、技能和情感，推动醒狮文化的传承与发展。

一、醒狮文化学科渗透教学和传承发展的现实价值

（一）落实了党和国家对优秀文化传承发展的要求

2017年，中共中央办公厅、国务院办公厅印发了《关于实施中华优秀传统文化传承发展工程的意见》，文中重点任务明确指出要把中华优秀传统文化贯穿国民教育始终，加强中华优秀传统文化相关学科建设，重视保护和发展具有重要文化价值和传承意义的"绝学"、冷门学科。醒狮文化是国家级非物质文化遗产，是国家的优秀传统文化，开展醒狮文化学科渗透教学传承，是醒狮文化现代化传承发展的创新探索，落实了党与国家对优秀文化传承发展的要求。

（二）解决了醒狮文化传承师资短缺问题

醒狮文化虽然是国家非物质文化遗产，但绝大多数学校的醒狮教学工作都是由武术专业教师或体育教师兼任，专业醒狮教师的缺乏，导致醒狮文化在校园推广与普及上有着一定的难度，同时也限制了醒狮校本教材的开发与实施，阻碍了醒狮运动的传承与发展。在学校没有专业教师的情况下，学科渗透教学传承发展是打破传统传承的壁垒、探索通过学科渗透教

学解决醒狮文化传承师资短缺的问题、实现醒狮文化有效传承的最佳路径之一。

(三) 实现了醒狮文化传承发展

随着社会经济的不断发展，城市化进程不断扩大，在许多新兴体育项目的冲击下，许多青少年在追求新事物的同时把传统文化逐渐淡忘，就现实情况而言，醒狮文化传承出现断层的问题日益严重。面对当下醒狮文化的流失，学校以培养学生兴趣为出发点，将醒狮文化与学科知识相渗透，焕发醒狮文化传承发展的新机，让学生了解醒狮文化、热爱醒狮文化并参与其中，以实现醒狮文化的传承发展。以"马步教学"课程为例，传统醒狮的马步教学强调通过多次、长时间的扎马步来提升与加强，但这样的模式不适合现代的学生核心素养发展的需求。教师将传统的动作游戏化，设计成"动力火车""百足蜈蚣"等生动的情景游戏，使学生在潜移默化中实现对醒狮文化的传承。

(四) 提升了学生的文化认同，坚定文化自信

醒狮是我国重要的文化遗产之一，是家喻户晓的民间舞蹈和民俗传统，不仅体现了世人对吉祥美好生活的向往和追求，也象征了刚强雄健、勇于拼搏、不畏艰难、敢为人先的民族精神，弘扬和传播了仁、义、礼、智、信、勇等正能量，它对人们的生活有着巨大的影响，至今很多地方在逢年过节时都有醒狮表演助兴的习俗。这种精神力量是醒狮得以长久传承和广泛传播的基础，也是我国人民文化自信的重要体现。通过醒狮文化学科渗透教学，提升了学生对家乡优秀文化的认同，培养了学生热爱祖国文化的情怀，并以醒狮文化为抓手，培养了学生坚定的文化自信。

二、醒狮文化学科渗透教学和传承发展的困境

（一）醒狮文化传承师资短缺的困境

教师是知识的传播者，也是文化的传播者，要将优秀的醒狮文化在校园内传承发展，专业的师资力量是重要的条件之一。本研究根据走访调查发现，在广东省内的多所师范院校以及体育院校都没有开设醒狮相关专业，这样的情况直接导致学校醒狮文化专职教师的短缺，而师资力量短缺的问题也直接制约了醒狮文化在校园中的传承与发展。

（二）传承内容与方式单一与学生全面发展需求的矛盾

党的教育方针提出要培养德智体美劳全面发展的社会主义建设者与接班人，所以在传承与发展优秀的传统文化过程中，教育者要挖掘多种育人的路径，充分发挥优秀文化的育人价值。传统醒狮文化的传承大部分是在村居代代相传，传承的模式相对单一，以师傅带徒弟或长辈教晚辈的方式为主，教学的内容主要是醒狮技艺与锣鼓乐，偏向于对运动技能的传授，这样的情况与教育方针提出的培养学生全面发展的需求存在一定的差距，两者之间的矛盾是醒狮文化在校园传承发展中的主要困境之一。

（三）新兴体育项目的冲击

随着我国经济与现代科技的高速发展，人民的生活方式与生产方式均发生了改变，学生的兴趣爱好也发生了很大的改变。以往，醒狮运动是很大一部分村居人民的共同爱好，有许许多多的青少年主动参与醒狮学习，并且要经过师傅的选拔与拜师才能正式成为醒狮队的一员。时过境迁，根据相关的调查发现，在现在的中小学生兴趣排名中，传统体育项目远远不如新兴的体育项目，在这些丰富多彩的新兴体育项目的冲击下，醒狮的传

承面临着巨大的挑战,这已然成了醒狮文化校园传承的困境之一。

(四)师生对醒狮文化的了解不足

师生对醒狮文化的了解程度是进行学科渗透教学的科学依据,也是检验教学效果的重要依据。本研究对学校师生进行了问卷调查,其中参与调查的教师人数109人,学生人数2036人,回收问卷有效率100%。调查显示,只有8.26%的教师、4.82%的学生非常了解醒狮文化,而82.57%的教师和82.56%的学生对醒狮文化仅仅是了解一些,9.17%的教师和12.62%的学生并不知道醒狮文化。这样的情况无疑给开展醒狮文化学科渗透教学增加了难度,必然形成醒狮文化在校园传承与发展的困境。

(五)师生对醒狮文化传承不够重视

调查问卷的结果显示:有12.94%的教师以及24.66%的学生表示非常重视与渴望将醒狮文化渗透到各学科教学中,有87.06%的教师和75.34%的学生表示不希望参与和开展醒狮文化学科渗透教学。不希望开展醒狮文化学科渗透教学的原因具体如下:一是大部分师生认为醒狮文化属于体育学科范畴,由体育教师开展教学即可;二是大部分的语、数、英主课教师和班主任认为醒狮文化学科渗透教学会影响其他学科的教学。以上原因导致了学校难以推进醒狮文化渗透各学科教学。

三、醒狮文化学科渗透教学和传承发展的策略

(一)目标渗透:立足学科课程目标找契合点

将醒狮文化传承的目标嫁接到各载体学科的目标与任务中加以实现。学科课程标准与课程指导纲要对各门学科的目标与任务做出了最权威的规

定,立足这类规范性文本所发掘的醒狮文化传承的目标,既是各学科需要完成的教学目标,也是醒狮文化在校园中传承发展的核心指向。因此,立足学科目标找寻与醒狮文化传承的目标契合点是实施学科渗透的重要出发点。通过对中小学各学科课程标准与课程指导纲要的整体把握,可以发现多门科目的课程目标都与醒狮文化存在契合与共通之处。例如,《义务教育语文课程标准(2022年版)》中语文学科核心素养关于文化自信的培养目标是:通过语文学习,热爱中华文化,继承和弘扬中华优秀传统文化……具有比较开阔的文化视野和一定的文化底蕴……培养学生认同中华文化,对中华文化的生命力有坚定信心。由此可见,语文学科的课程目标中就蕴含了与醒狮文化学科渗透教学的契合点,为醒狮文化与语文学科进行学科渗透教学奠定了基础。

(二)内容渗透:深入学科教材探求落脚点

醒狮是国家级非物质文化遗产,其文化博大精深,包含了许许多多的人文知识、舞狮技艺知识、锣鼓乐等乐理知识、狮子制作工艺知识、传统醒狮美学知识、醒狮精神内涵知识等。将醒狮文化的不同内容细化成不同的内容元素,并将这些内容元素渗透到语文、数学、英语、美术、体育、音乐、信息技术、科学等学科的教学中,实现醒狮文化在校园中的传承发展。例如,醒狮制作工艺文化是醒狮文化中重要的部分,在进行学科渗透的过程中,可以将其渗透到劳动课程中,学习狮头的编织知识与方法,实现制作工艺的传承,也可以将醒狮制作工艺中颜色的搭配渗透到美术学科的教学中,让学生了解醒狮工艺中的美术知识,掌握狮头配色的基本知识等,这些都是基于醒狮文化本身的特点进行学科渗透。

1. 醒狮人文知识在语文教学中的渗透教学

把握醒狮文化与语文学科的特点,找准醒狮文化与学科的结合点,利用语文学科的特殊性，开展醒狮文化的渗透教学。例如，可以讲述醒狮相关的小故事，通过黑板报、手抄报、作文等形式表现出来；还可以举办醒狮文化主题的征文、辩论比赛以及文化沙龙等。通过学科渗透教学探究和掌握醒狮人文知识，一方面提高学生听、说、读、写的语文学科素养，另一方面也使醒狮文化学习变得更加丰富有趣。

2. 醒狮锣鼓乐文化在音乐学科中的渗透教学

舞狮文化是一种同时将器乐与舞蹈融合的娱乐活动，锣、鼓、镲共同形成了锣鼓喧天、排山倒海、声势震撼的醒狮鼓乐。鼓乐在舞狮技艺中占有很重要的地位，是舞狮的灵魂所在。鼓乐具有轻重转换灵活多变、快慢结合恰到好处等特征，对培养学生的乐感有着重要的作用。因此，把高狮鼓、抛狮鼓、擂大鼓、七星鼓等醒狮鼓点纳入声乐课程中，使学生感受醒狮音乐的熏陶，学习醒狮鼓乐的击打方法，可以实现醒狮鼓乐的有效传承。

3. 醒狮色彩文化在美术学科中的渗透教学

醒狮色彩鲜艳，且不同颜色的狮头代表着不同的意义，如红色狮是关公狮、黑色狮是张飞狮、白黄狮是刘备狮等，每一种颜色的狮头和身体颜色搭配非常讲究，给人以美的享受。美术教师利用美术课组织学生描绘和制作神态各异、美轮美奂的醒狮相关手工作品，把美术技巧和醒狮文化中的色彩元素相结合学习，能够充分唤醒学生对醒狮文化的喜爱之情。

4. 醒狮技艺文化在体育学科中的渗透教学

《义务教育体育与健康课程标准（2022年版）》的课程内容中，将中华传统体育项目列为专项运动技能。因此，醒狮技艺学习可以形成一个18课时或以上的教学内容在体育课堂进行教学。如何跟进课程标准的指引，在传统的学习方法上进行改进，将醒狮技艺学习与体育教学有机渗透，对于落实非遗进校园有着重要的意义。例如，醒狮马步技艺在醒狮训练中是比较枯燥的内容，但是如果将马步技艺学习渗透在体育小游戏中，如"百足蜈蚣"或"动力火车"游戏,这样既能激发学生的学习兴趣,又能完成醒狮技艺教学。

5. 醒狮制作工艺文化在劳动学科中的渗透教学

醒狮的竹编狮头制作工艺是国家非物质文化遗产,但是随着生产力的不断发展,手工醒狮制作工艺的传承面临着很大的挑战。学校结合劳动教育的相关要求,将醒狮文化中的狮头制作渗透到劳动课程中,让学生在完成醒狮文化传承的同时,实现劳动能力的提升。在狮头制作的过程中,根据学生的水平,可以降低难度,让学生用日常用品来制作狮头。例如,用废弃的纸箱制作狮头,在制作好狮头形状以后,还可以通过给狮头上色进一步发挥课程育人的价值。

6. 醒狮的精神文化在道法学科中的渗透教学

醒狮文化是一代代南海劳动人民精神的寄托,也是劳动人民的智慧结晶,其包含着多层的育人价值,其中醒狮的忠、勇、魂等多方面精神,也是当代学生需要加强的重要品质。学校将醒狮精神与道法课程相渗透,一是培养学生的阳刚之气,二是提升学生的精气神,三是让学生在学习中领会醒狮的精神,从精神方面提升醒狮文化的育人价值。

(三)方法渗透:探索创新的呈现形式

传统的醒狮是通过套路进行表演的,这样的方式比较陈旧,已不能满足现代社会的审美需求。要想满足人们的审美需求,最直接的方法就是要改变传统醒狮呈现的形式,将传统醒狮文化与现代舞台艺术相结合,赋予醒狮表演新生命,让醒狮呈现的形式变得丰富多彩。例如,创意醒狮是将醒狮技艺与艺术学科进行学科渗透,开发出蕴含醒狮技艺与舞蹈技艺的创意狮舞,并通过舞台表演的形式实现醒狮文化的传承与发展。

四、醒狮文化学科渗透教学和传承发展的结论

醒狮文化学科渗透教学是科学的、可行的、可借鉴的,也是必要的一种传承模式,是解决醒狮文化传承师资短缺问题的重要举措。该模式既可以让学生了解醒狮及其运动蕴含的文化价值,掌握相关的醒狮文化知识,还能在学习过程中产生深刻的文化认同和强烈的民族自豪感,对落实坚定文化自信的要求有着重要的实践意义。

第二章

体育锻炼
让人终身受益

第一节　有氧运动铸就最强大脑

一、"奔跑"的头脑

以前很少有人会认为体育锻炼也会对头脑有益，事实上，体育锻炼对生理健康和心理健康都有好处。体育锻炼刺激了新的脑细胞的产生，这个过程被称为神经发生。最初记载身体活跃度和大脑之间联系的研究是在实验室里完成的。在"充满刺激的环境"中养大的老鼠——它们有玩具、运动轮以及很多社交机会——与在标准的实验室笼子中长大的兄弟姐妹相比长出了更多的新的脑细胞。科学家最初并不十分确定哪些环境条件促成了老鼠的新细胞生长，在20世纪90年代，加利福尼亚大学圣迭戈分校的索尔克生物研究所的科学家开始着手研究这个课题。为了找到神经发生的机制，他们系统地检查了老鼠生存的两种环境中的不同成分。

这个实验遵循了一个简单的实验想法，而最终的实验结果也决定性地证明了体育锻炼对于脑功能的影响。科学家给所有小老鼠都注入了一种化学物质，这种物质可以追踪脑细胞的分裂和新细胞的生成。然后，他们让一组老鼠进入"锻炼设施"——一个供它们随时使用的转轮。另一组老鼠则没有机会锻炼，它们的生活方式很慵懒。几周之后，科学家发现了令人震惊的区别：那些运动的老鼠有更多新的脑细胞，数量大概为不活动的同伴的两倍。

为了确定体育运动就是改变老鼠脑细胞的原因，索尔克生物研究所的科学家在研究中加入了另一组老鼠。这组新老鼠学习了如何走迷宫，它们有很多运用脑力的机会，却没有像转轮子的同伴那样进行很多体育运动。令人吃惊的是，在认知方面做出的努力并没有让它们获得像跑步的老鼠那样多的脑细胞增加数量。

这说明了什么？虽然我们在一天的工作之后经常会感觉很疲惫，就像是跑了马拉松一样，但其实这和跑步不一样——至少对于我们的大脑来说。剧烈的体育运动对于新的脑细胞的生长至关重要。运动的老鼠在大脑深处的海马型区域（海马体）中表现出了最多的新细胞增长现象。和老鼠一样，当人类需要把学到的东西变成长期记忆时，海马体就是起最主要作用的脑中心之一。

二、健康的儿童

大脑有着令人钦佩的可塑性，特别是在人的幼年时期，而体育运动可以提高儿童的心理功能。查尔斯·希尔曼是伊利诺伊大学的一位教授，他毕生的大部分研究都致力于记录体育锻炼对儿童智能造成的影响。他的研究结果清晰地表明：花在体育运动上的时间并不会影响学习；恰恰相反，体育运动会提高儿童在教室中的表现。

在最新的研究中，希尔曼和他的同事阿瑟·克雷默以及他们的研究团队收集了一批9岁到10岁儿童的体能数据。他们设计了一系列目的在于考验儿童思考、推理和记忆能力的认知测试，在孩子们完成测试之后，研究者扫描了他们的大脑，发现身体最健康的孩子在很多记忆测试中表现得也最出色。更有说服力的是，儿童的身体健康水平大致能反映他们大脑中海马体的大小。

为了进一步证实身体健康和头脑健康之间的联系，研究者想看看在经过短时间的锻炼后，儿童的大脑功能是否会直接受益。研究者要求一组孩子分两次访问他们的实验室。在第一次访问中，孩子们参与了一个短暂的实验：在跑步机上以比较高的强度走20分钟。在第二次访问中，孩子们安静地坐在椅子上休息了20分钟。每次访问时，在孩子们休息或锻炼之后（锻炼组心率恢复后）都接受了一系列认知考验。例如，研究者要求孩子们专注于一条出现在电脑屏幕上的关键信息，同时忽略其他跳出来的信息。这样他们的心理活动就像是孩子在做作业时手机收到一条信息一样。为了成功完成作业，孩子必须专注于学习，忽略信息干扰。

研究者发现，锻炼组的儿童不仅在认知测试中的表现优于休息组的儿童，他们的大脑在锻炼之后也运转得更流畅了。由前额叶和顶叶脑区发出的神经活动被公认能够反映出对注意力的控制（对于学习来说至关重要），该神经活动在儿童进行了锻炼之后（相对于静止）会得到提高。

人类的祖先是搜寻者-采集者，为了生存，他们翻山越岭进行捕猎并收集坚果和浆果。这就意味着人类的头脑和身体是在这种运动的生活方式中进化的，身体活动似乎植根在我们的基因中。但如今，我们的运动量远远低于基因中"内置"的设定值。这种静止的生活方式造成的后果会反映在身体和精神的健康问题上。

运动的老年人罹患疾病的风险更低，失忆发生率更低，同时丧失重要认知功能的可能性也更低。让儿童拥有更多锻炼的机会、变得更活跃，会在增强身体肌肉的同时改善头脑。对于成年人来说，常规的体育锻炼可以帮助他们预防智力下降。了解了身体健康对头脑健康造成的巨大影响之后，我们也获得了一条明确的指示——让孩子动起来。

三、成年人

虽然我们对体育锻炼和年轻人的脑功能之间的联系了解得还没有那么

多，但是从目前已知的信息来看，在孩子青春期之后，体育活动也是通往健康大脑的钥匙。人类的认知功能在十八九岁到三十几岁之间达到顶峰。

工作记忆可以看作是一种精神的"便笺本"，它能让我们随时利用意识中的任何信息。工作记忆帮助我们专注于当前任务相关的信息，并过滤无关内容，是智商的重要组成部分之一。

关于工作记忆有一处重要的细节：工作记忆的容量是有限的。我们负责这部分功能的大脑可用资源只有那么多。当处于充满压力的情况时，我们拥有的大脑资源就更少。压力会让我们的工作记忆流失，但是体育锻炼却会让我们支持工作记忆的脑区发动起来。工作记忆提升至关重要，体育锻炼所带来的好处对于那些专注能力较弱的人可能更加显著。

成年人的工作记忆容量不仅各不相同，而且还会随着生命阶段的不同而发生改变。儿童拥有的工作记忆容量更小，因为他们的前额皮质（用来控制注意力）的脑区仍然在发育。工作记忆容量在老年人中也有减小的倾向。

运动起来、出出汗甚至还能帮助人们更好地沟通。在麻省理工学院的斯隆管理学院的一项研究中，研究者发现人们在跑步机上快速行走、心率加快后，他们能在买二手车时讲到更好的价格，或者在新工作面试中赢得更好的薪酬待遇。但是这里也有个条件，只有在人们进入谈判之前就已经对自己的说服力感到自信时，体育锻炼才能起到促进作用。

当然，在利用体育锻炼来促进思考、推理和谈判能力的过程中，适度是最关键的。一些体育运动会提高工作记忆——特别是对于那些一开始能力就比较欠缺的人来说，而且可能会让人具备更强地达成有利交易的能力，但是在思维挑战前做一个小时以上的激烈体育运动却未必会让人有所收获。

强健的体魄不仅提升大脑的计算能力，同时也能增强创造性智慧。体育锻炼可以帮助大脑从不同的角度看待问题。人们在工作中的成功并不仅仅意味着埋头苦干，处理大量的数据、文件或问题。有时，成功的关键在于知道何时退后一步，或者从全新的角度审视问题，甚至用一种独特的方法改进现有的工具。

短时间的有氧运动可以帮助一种名为多巴胺的神经递质在脑中传播。多巴胺在脑功能的很多方面都有重要作用，比如对动作的控制能力、灵敏度、满足感以及专注力。

此外，还有一个让人穿起运动鞋、在午饭后出门走走或跑步的理由：强健的身体会让我们对于周遭世界的看法更加积极。和身体健康的人相比，那些身体状况不佳的人看到山时会觉得更加陡峭。不健康的身体会影响大脑，让你更难动起来。

四、晚年

来自加拿大的 90 岁田径运动员奥尔加·库特尔库经常刷新世界纪录。她所在年龄组的比赛确实没有很多人参与，但是无法否认库特尔库就是跑道上的王者。在 2009 年澳大利亚悉尼举行的世界老将运动会上，她 23.95 秒的百米成绩和比她年轻两个年龄组的决赛选手相同。

85 岁以上的人群是世界上人口增速最大的群体，很多研究者都把注意力转到了如何改善老年人健康和延长老年人寿命上。大部分面向这些对象的研究关注的仅仅是他们吃的食物和他们进行的社交生活。但是在库特尔库的例子中，科学家真正关心的应该是长期锻炼对于身体和头脑造成的影响。

库特尔库的例子让我们看到，体育锻炼可以延长寿命、增进健康。科学家从她的肌肉纤维上提取了样本，发现从细胞健康的角度上说，体育锻炼似乎让她的时间倒流了。通常线粒体（为细胞和肌肉产生能量的细胞结构）在老年人身上会发生衰退，但是在库特尔库身上却并不明显。科学家很想知道为什么她的身体没有老化得很快，以及如何锻炼才能延长心智健康。最新研究证明，体育锻炼确实能在晚年对人们的认知功能构成积极影响。健康的老年人和久坐不动的老年人在脑健康水平上有着显著的差别，这些差别不仅反映在记忆力上，也反映在思考和推理能力上。

有氧锻炼似乎是提高脑健康的关键。在我们精力充沛地游泳、奔跑、骑车、快走甚至做家务时，血流量就会增加，而这点对于促进大脑中的脑源性神经营养因子分泌来说至关重要。神经系统科学家通过实验发现老年人每周三次快走40分钟，一年后他们的海马体大小增加了2%。而那些只做拉伸运动的老年人却表现出了和年龄相符的海马体萎缩。因此，老年人锻炼也可以保护和改善大脑的结构。

第二节　如何从科学运动中受益

一、运动有利于身体健康

（一）坚持运动的人，肌肉、骨骼和关节更好

坚持运动的人骨骼、关节都会更好。经常运动可以改善骨骼的血液循环，加强骨骼的新陈代谢，使骨径增粗、肌质增厚，骨质的排列更加规则、整齐。随着骨骼形态结构的良好变化，骨骼的抗折、抗弯、抗压缩等强度方面的能力会大幅提高。运动也会使关节面软骨更厚、骨密度更高，关节周围的肌肉会更发达、力量更强，关节囊和韧带更厚，从而减轻关节负荷，增加关节的稳固性和灵活性。

（二）坚持运动的人，心肺功能更好

心脏是全身血液循环的中心，肺是人体重要的呼吸器官。经常运动可以增强呼吸肌的肌肉强度和力度，改善肺的顺应性，增强肺功能及肺局部的抵抗力等，还可以使心脏搏动更加有力和规律，保证心脏泵血的节律和效率，减少心血管疾病的发作。

（三）坚持运动的人，大脑认知更好

很多人锻炼后都会觉得呼吸更轻松、身体轻盈、心情舒畅，这是因为脑细胞分泌的内啡肽会在短期内让人产生快感。因此，长期运动会对大脑的工作效率产生正面影响。

（四）坚持运动的人，睡眠质量更好

《失眠》一书中指出，对于常常失眠的人来说，运动是调理睡眠有效的方式之一。失眠患者坚持跑步、做操、练太极拳等，会对神经系统的兴奋和抑制过程起到良好的调节作用，为恢复正常的睡眠建立良好循环，从而可以从根本上消除失眠现象，提高睡眠质量。

（五）坚持运动的人，免疫和代谢功能更好

有研究显示，经常锻炼的人，细胞免疫功能明显优于不运动的人，可使他们更不容易生病。坚持运动的人患糖尿病及代谢综合征的风险更小，因为经常运动会使胰岛素的敏感性提高，在一定程度上有助于更好地调节血糖水平。

（六）坚持运动的人，身姿更挺拔

坚持运动的人不仅拥有良好的身材，其骨骼肌系统也更加强健。功能强大的肌肉更能伸展体态、挺拔身姿，让人看起来更有气质和活力。

二、运动有利于心理健康

《中国国民心理健康发展报告（2021—2022）》（简称《报告》）显示，我国18—24岁年龄组的抑郁风险检出率高达24.1%，25—34岁年龄组的抑郁风险检出率为12.3%。《报告》重点关注了运动频率、单次运动时长对于抑郁风险的影响。分析发现，每周运动频率为0次的组别，抑郁风险检出率远高于其他组别。从心理健康的收益来说，单次运动在20分钟及以上就有效果。

从上面的调查数据可以看出：生命在于运动，运动对于人们的心理健

康大有裨益。运动对心理健康的积极影响，比年龄、收入、教育水平等因素都要大。权威医学期刊《柳叶刀》的一项研究显示，只要每周运动一个小时就可以起到缓解抑郁的效果。该项研究还做了一个价值估算：运动带给人相关的情绪价值，相当于一年多赚了 17 万美元，或是高中后多读一个大学学位所产生的经济价值。

三、如何科学地进行运动

（一）选择合适的锻炼时长和锻炼频次

科学的锻炼时长是每次锻炼控制在 45 到 60 分钟之间，少于 45 分钟，效果会减弱；超过 60 分钟，收益不会增加，甚至可能产生负面效果。至于锻炼的频次，每周进行 3 到 5 次，每次 1 小时，效果最佳，并不需要每天锻炼。与锻炼时间的道理一样，少于和超出都容易获得负收益。所有运动项目中只有散步这种锻炼方式的频次可以稍高一点，最多一周 6 天。

（二）识别与情绪匹配的最佳运动

运动的方式多种多样，既有挥汗如雨的，也有舒缓沉稳的，针对情绪选择不同的运动方式，或许可以令运动更有效地为情绪"增值"。

当我们愤怒时可以选择练跆拳道。跆拳道属于高强度有氧运动，出拳猛击、高踢腿等动作能令紧张、愤怒等情绪一扫而空，扑灭内心的怒火。

当我们压力大时可以选择练瑜伽。瑜伽这项运动能让身体从精神和生理层面得到抚慰，促进压力释放，提高睡眠质量。

当我们高兴时可以选择跑步。心情愉悦时跑步，会促使内啡肽和肾上腺素大量释放，让快乐的感觉加倍。

当我们悲伤时可以去游泳。游泳特有的击打水面的动作能让锻炼者拥有专属于自己的空间，找到稳定而一致的动作和节奏。游泳对关节冲击力很小，而且能提高心率，让人感觉清爽舒适，减轻抑郁情绪。

  当我们悠闲时可以去骑车。骑车时看着优美的风景、呼吸着新鲜空气，会让人感觉更为惬意，同时释放能量和活力。

第三章

以体育人的
理论与实践

第一节　教育神经科学对体育教学的启示

扬州大学的陈爱国教授从四个方面阐述了体育运动改造大脑的作用，第一是体育运动提高儿童的记忆力和注意力，第二是体育运动发展儿童的执行功能，第三是体育运动提升学业表现，第四是体育运动缓解儿童认知障碍症状。

近几十年来对体育运动的脑科学研究初步证实：体育运动能改善大脑可塑性和大脑的功能，且这种积极影响贯穿个体的整个生命过程。相关研究成果不但为促进身心健康发展指明了有效途径，也为终身体育教育提供了神经科学基础。制约人类获得身心健康的最主要原因，就是对这种积极效应及其应用方式缺乏认识。使全社会高度关注并开展适于大脑、发展大脑的体育教育，对提高人类的生活质量有着重要的作用和价值。因此，体育教育工作者应该不断学习体育运动的最新脑科学研究成果，正确、全面地理解体育运动对大脑的积极作用，并将其与教育实践紧密联系起来。

一、消除错误观念，明确体育运动的积极作用

长期以来，社会上一直有人认为运动员"四肢发达、头脑简单"，导致这种观点产生的根本原因在于人们存在"身心二元论"的错误认识，认为身心二分，体育教育纯粹是身体教育。如今"身心一元论"逐渐成为身心观的主流声音，"身心一元论"主张人是一个有机统一体，身心不可分。人们逐渐认识到体育运动不仅能强健肌肉和增强心肺功能，也能强健或改

善脑功能。中国科学院心理研究所魏高峡等人的研究成果更是彻底颠覆了"身心二元论"的错误观点。他们的研究表明，多年的运动技能训练使运动员的大脑更为复杂，其双侧丘脑和左侧运动前区的灰质密度明显高于普通人。灰质密度是指神经元的密集程度，灰质密度较高的个体在神经传导、信息处理等方面具有更强的优势。运动员的大脑非但不简单，其与运动有关的组织和结构反而更为复杂，因为运动训练不仅改变了肌肉和动作，还改变了大脑结构。

在根深蒂固的重文轻武、重智轻体的传统教育观念下，在以学习成绩为中心的评价机制下，一些家长形成了这样的错误逻辑：孩子运动了，学习时间就少了；时间少了，作业就完成不好，学习成绩就会下降；学习成绩不好，就不会有好前途，即"运动妨碍学习成绩"。然而，近年来的研究表明，体育运动不但能通过改善与学习有关的脑功能直接提高学习成绩，还可以通过改善学习行为（如注意力、执行功能、情绪等）间接提高学习成绩；增加体育运动时间不仅不会降低学习成绩，甚至会提高学习成绩。因此，实际的情况很可能是"多运动提高学业成绩"。

二、探索真正有益于孩子的体育运动

就体育运动本身而言，其对大脑的影响可能是积极的，也可能是消极的，影响的性质主要由体育运动的各构成要素决定。目前，我们亟须探讨体育运动与大脑的剂量效应。所谓剂量效应是指体育运动的各构成要素（如强度、频率、每次持续时间、内容等）及其交互作用与大脑的关系。有研究通过动物实验显示，简单的运动方式（如跑笼）仅可促进脑血管生成；而复杂的技巧训练（如转棒和杂技）可增加脑皮质突触数量；持续7天的低强度跑台运动可明显诱导幼龄大鼠海马齿状回神经发生，而持续7

天的高强度跑台运动则没有这种效果。因此，教育者要积极设计丰富且有益的体育运动方案，辅以科学的教育教学方法，以提高体育运动的针对性和实效性。

三、构建体育运动的多维联合干预模式

除体育运动外，环境、认知训练等因素也会对大脑的结构和功能产生影响。有研究显示，将大鼠置于丰富环境中饲养，大鼠不仅皮质较厚、突触密集、树突增生，而且能更快地找到食物。而以专注与自觉为主要内容的认知训练则能通过降低前额叶的过度活动并增强海马体的神经活动，显著改善抑郁症患者的负性想法。

由于多种因素都会对大脑可塑性起作用，研究者已经开始探索体育运动和其他因素的联合效应。法贝尔等关于运动与丰富环境对海马神经发生的研究结果表明，运动与丰富环境对海马神经的影响具有叠加效应，显著优于单一因素的影响；具体机制可能是运动促使神经干细胞形成新神经元，并不断迁移到齿状回区域，而丰富的环境则促使这些新生神经元很快融入神经回路并获得功能意义，从而得以保留。该研究清楚地揭示了影响大脑可塑性的多因素的联合效应。这就提示我们，应全面了解影响大脑结构和功能的因素，注重体育运动与其他因素的联合作用，全方位、多层次地促进大脑的发展。

综上所述，当前的脑科学研究尚未为体育教学实践提供具体且可操作的指导方案，但对体育教育工作者关心的一些问题（如体育运动与大脑可塑性、大脑的成长发育、学业成绩的关系等）指出了明确的解决方向。我希望体育教育工作者从专业的角度继续关注当前的脑科学研究，并将其中最有价值的信息与已有的知识结合起来；也希望体育教师在进一步明确脑

科学研究与体育教育的关系之后,能改进体育课教学内容的选择和教学计划的制订,能有选择地运用值得信赖的策略来促进学生的大脑发育与学习成绩,发挥体育课的真正价值,让学生"赢在体育课"。

第二节　体育学科的育人价值及育人实践探索

2020年10月，中共中央办公厅、国务院办公厅印发《关于全面加强和改进新时代学校体育工作的意见》（简称《意见》），2021年4月，教育部办公厅印发《关于进一步加强中小学生体质健康管理工作的通知》等文件，国家对于体育事业的重视程度显而易见，其全面论证了体育在促进个体全面发展及社会整体进步中的不可或缺性，清晰揭示了体育在当下时代的核心价值与深远意义。然而，遗憾的是，长期以来，人们在审视学校体育工作时，缺乏一个既科学又系统的视角，进而忽视了体育学科内在蕴含的丰富教育价值及其对人才培养的独特贡献。鉴于此，我意图从杰出人物与知名学府的经验，以及脑科学的最新研究成果出发，深入探讨这一议题，并分享我在当前体育实践探索中所积累的一些宝贵经验，以期为改善这一现状贡献绵薄之力。

一、体育学科的育人价值

（一）名人说体育育人价值

在古希腊有这么一句运动格言："如果你想聪明，跑步吧；如果你想强壮，跑步吧；如果你想健美，跑步吧。"这句格言强调了运动对于个人智慧、健康和健美的积极影响，体现了古希腊人对于运动价值的深刻认识。这句格言广泛流传于世界各地，成为激励人们积极参与体育锻炼的重要动力。

在中国古代，培养君子的"六艺"中，"射"和"御"都与身体运动相关。史载，孔子善于射、御，臂力过人。张载、辛弃疾等人文武兼修，在各自生活的时代立下事功，传为美谈。

毛泽东是体育学科育人的典范。青年毛泽东在1917年发表了一篇论文《体育之研究》，其中写道：体育一道，配德育与智育，而德智皆寄于体。无体是无德智也。顾知之者或寡矣。或以为重在智识，或曰道德也。夫知识则诚可贵矣，人之所以异于动物者此耳。顾徒知识之何载乎？道德亦诚可贵矣，所以立群道平人己者此耳。顾徒道德之何寓乎？体者，为知识之载而为道德之寓者也。其载知识也如车，其寓道德也如舍。体者，载知识之车而寓道德之舍也。

苏联教育家苏霍姆林斯基认为，经常的体育锻炼不仅能发展身体的美和动作的和谐，而且能形成人的性格，锻炼意志力。体育在青少年成长中扮演着非常重要的角色，它不仅影响青少年的体质健康状况，更对青少年的个性心理、情绪状态、人际关系、社会适应能力等产生积极作用。

（二）名校重视体育的传统

长期以来，清华大学一直提倡学生每天拿出1小时锻炼，这样做会使他们的学习效率远大于全天候扑在学习上。长跑这项运动一旦养成习惯，学生可以终身坚持，进而让他们养成终身锻炼的习惯，这对培养学生的耐力、意志力有很好的效果。

英国伊顿公学培养了20位英国首相，以"精英摇篮"和"绅士文化"闻名世界，也以军事化的严格管理著称，有完备的体育课程体系，有多种多样的体育项目。伊顿公学的学生在运动场上培育出了勇往直前的精神，他们的宗旨是：运动第一，学习第二。

（三）体育运动可以塑造更聪明的大脑

科学研究结果告诉我们，体育运动可以塑造更聪明的大脑。

1. 运动是智商的催化剂

2007年美国《新闻周刊》刊登的文章中提到，运动能促进神经元的产生和联结：每次肌肉收缩或放松都会释放出胰岛素样生长因子1（IGF-1）蛋白质，进入大脑后衍生出脑源性神经营养因子，促使大脑神经元开始生长、结合并以新方式彼此联系；运动会导致额叶体积增大，强化大脑的"执行功能"；运动促使海马区体积增大，例如2个月的抛球练习就会让掌管记忆的海马区长大；运动能提高影响注意力的神经传递素的基础水平。

研究证明，几乎所有的运动都会使人创造力提高。长期坚持体育运动者，其创造力及各项能力的总体水平高于不爱运动的人。研究者还发现：在斯坦福成就测验的相关研究中，那些体能好的学生的数学和英语成绩明显高于平均成绩。

2. 运动是情商的助燃剂

依据心理学家的研究，情商包括以下五个方面：了解自己情绪的能力（自我意识）；控制自己情绪的能力（自我管理）；以自己的情绪激励自己行为的能力（自我激励）；了解别人情绪的能力（社会意识）；影响别人情绪的能力（关系管理）。自信、自尊、自我表达、管理、控制、激励、规则意识、纪律、尊重他人、理解多元差异、领导与合作、沟通、社交、团结、付出、坚持、拼搏……这些在体育中都可以得到充分的培养和发展。

北京师范大学的毛振明教授统计过：很多体育项目，比如单人的、双人的、团队的，随着项目人数的多少、配合的多少，其对国家的经济、对人的智力、对身体、对社会、对个人、对情感的发展贡献程度都不同。动作越复杂且需要团队协作的运动项目，越能促进人的全面发展。因此，专业人士特别提倡学生参与由团队配合完成的运动项目。

二、体育学科的育人案例

在过去的二十多年中，华师附小做了非常多的努力和尝试，希望能真正发挥体育学科的育人价值。具体的案例如下。

（一）体育趣味"课课练"

让我们先来了解一下儿童生长发育的特点：柔韧素质从5岁开始发展，到12岁结束；灵敏素质从6岁开始发展，到12岁结束；平衡能力从8岁开始发展，到13岁结束；速度素质从7岁开始发展，到13岁结束。儿童发展运动素质的时间就这么短，一项能力素质如果过了发展时期再培养，进步空间就不足了。

运动伤害、内容单一、针对性差、效果不佳、时间不足是体育教学中的常见问题。因此，华师附小的"课课练"打造了新的内容和方式。在感觉统合理论的指导下，教师收集、改造、优化了具有安全性、针对性、趣味性、集体性和竞赛性的健身活动，设计了形式多样、内容丰富的"课课练"供学生在课堂和家里练习，如跳绳、体能、飞镖、篮球等。

（二）全员运动会

学校运动会正面临学生兴趣减弱的现象，然而，这并不能单一归因于学生变得懒惰。实际上，当运动会呈现为"少数竞技者的舞台"，多数学生只是作为旁观者，且与学生的个人锻炼、体育评价及日常体育课脱节时，自然难以激发学生的参与热情，更难以担当起检验学校体育工作成效的重任。

为了积极应对这一挑战，学校已采取措施，确保每位学生在运动会期间能平均参与2至3个项目的比赛，这不仅促进了年级间的交流与互动，还巧妙地将运动会与体育达标要求、班级体育锻炼及日常体育课紧密联结，形成了相互促进的良性循环。这样的运动会设计，无疑更加贴近学生的实际需求与兴趣，为提升运动会的吸引力和学生的参与度奠定了坚实基础。

（三）人工智能赋能体育教学

教育部 2021 年 4 月印发的《关于进一步加强中小学生体质健康管理工作的通知》中要求："学校要对体育家庭作业加强指导，提供优质的锻炼资源，及时和家长保持沟通。"因此，学校建立了家庭体育作业制度，利用天天跳绳 APP（手机软件）举行跳绳打卡积分赛、线上跳绳个人赛、线上亲子跳绳比赛等。学校要求一、二年级学生每天跳绳 500 个，三、四年级学生每天跳绳 1000 个，五、六年级学生每天跳绳 1200 个。

学校建设了智慧运动操场、AI 运动小站，营造校园体育文化氛围，使学生可以随时随地运动，打造了"主动健康"的校园。学校通过应用 AI 体育教学与评估系统以及基站互动反馈系统打造智慧运动场，为学生提供个性化运动监测、训练与干预指导，实现精准化教学，让学生感受到信息化带给体育课堂的改变，提升了学生对体育学习的兴趣。

华师附小在 2021 年免费向每位学生发放了一条智能跳绳，学生使用智能跳绳上跳绳课和进行校队训练；2022 年 5 月，广东教育研究院基础教育研究室姚轶洁主任到学校指导智能跳绳课堂教学；我的智能跳绳课例《双人合作跳绳》获得了广东省精品课程资源，并多次受广东省教育研究院邀请利用智能跳绳在全省进行送教活动；学校配置了四套心率监控设备用于监控体育课堂的运动强度和密度，以提高体育课堂的安全性和科学性；学校还为体育科专门配置了一台价值 3 万元的一体机用于提高体育教学的效果。

华师附小校园实现了无线网络覆盖，并积极推进智慧化课堂建设，提高教学质量，打造科学、高效、趣味的课堂，改进教学评价。这些措施使学生能够用趣味化、智慧化、互动式的方式锻炼身体，并通过系统实时运动反馈，得到即时性的评价与指导，使学生在课下也能自由地开展科学运动。学生通过发现自己的运动潜能、弥补自己的运动短板、提升体育锻炼兴趣来真正地了解体育、参与体育和享受体育。

第三节 体育游戏对小学生感觉统合能力的影响

我通过设计有关感觉统合能力发展的体育游戏，在培养学生体育兴趣的同时，探讨体育游戏对一年级小学生感觉统合能力发展的影响。本研究的测试对象选取华师附小一年级的小学生，分为对照组（17名男生、17名女生）和训练组（17名男生、17名女生），在体育课堂上进行为期12周、每周2次、每次40分钟的训练干预。在本研究中，我采用SPSS 25.0软件对实验前、实验中（第六周末）、实验后（第十二周末）所收集的问卷数据进行独立样本t检验比较分析。在感觉统合体育游戏干预中，男生的前庭功能、触觉防御具有显著性差异（$p < 0.05$），本体感、学习能力无显著性差异（$p > 0.05$）；女生的前庭功能、触觉防御、本体感、学习能力无显著性差异（$p > 0.05$）。因此，我得出结论：感觉统合体育游戏训练对男生的前庭功能、触觉防御有着一定的积极影响，而对男生的本体感、学习能力不存在统计学意义上的影响；对女生的前庭功能、触觉防御、本体感、学习能力不存在统计学意义上的影响。在体育教学过程中，教师可以通过将感觉统合训练与体育游戏结合，来激发小学生的兴趣，让他们运用多种感官，以获得丰富的感觉体验。

随着我国新课程改革不断深入以及《义务教育体育与健康课程标准（2022年版）》的颁布，体育与健康课程占总课时比例仅次于语文、数学，排名第三，这说明了体育与健康课程在义务教育阶段的重要性。感觉统合失调会影响小学生的学习行为与习惯、社会适应能力、心理变化。而6—8

岁的小学生处于高级感觉统合发展时期，这是大脑发育的成熟期，也是感觉统合能力发展的最后阶段，因此这个阶段是培养孩子感觉统合能力的最后机会。

本研究基于感觉统合理论、查阅相关文献资料，并结合一年级小学生的身心特点，设计有关感觉统合能力发展的体育游戏。我将感觉统合的理论知识与体育教学的实践操作相结合，以游戏训练来激发学生的学习热情，有效提高体育教学的课堂效果，并探讨体育游戏是否对一年级小学生的感觉统合能力发展有着一定的影响作用，以期为今后体育教学的发展提供新的思路和参考依据。

一、调查的方法

本研究采用的《儿童感觉统合能力发展评定量表》是由中国台湾的郑信雄教授于1985年根据中国文化背景，结合感觉统合理论的研究成果编制而成的。北京大学精神卫生研究所于1994年对此表进行了修订，用于测查儿童感觉统合能力的发展水平，该量表具有较高的信度和效度。此量表由58个问题组成，包括5个分量表：前庭功能、触觉防御、本体感、学习能力、大年龄（10岁以上儿童）的特殊问题。儿童填写后，根据原始分与标准分转换表判断感觉统合能力是否失调，标准分在30—40分为轻度失调；在20—30分为中度失调；20分以下为重度失调。在本研究中，在实验前、实验中（第六周末）、实验后（第十二周末）发放问卷由学生的父母进行认真填写。学生基本信息见表3-1。

表 3-1 一年级小学生基本信息

组别	性别	人数	年龄	身高（cm）	体重（kg）
对照组	男	17	7.15±0.21	129.41±4.81	23.65±3.30
	女	17	7.16±0.12	131.29±5.57	25.86±5.35
训练组	男	17	6.98±0.31	126.48±4.65	26.39±4.67
	女	17	6.78±0.06	126.00±3.72	25.61±4.85

参与测试的学生在体育课堂上进行为期 12 周、每周 2 次、每次 40 分钟的训练干预。其中，对照组按学校教学计划上课，训练组进行感觉统合体育游戏训练，内容见表 3-2。

表 3-2 感觉统合体育游戏训练内容及安排

周期	感觉统合体育游戏训练内容
第一至二周	听口令摸五官、单脚站立、闭眼站立、双脚接力跳、单脚接力跳
第三至四周	体操垫横向和纵向翻滚、象鼻转接力、头顶塑料盘障碍跳比赛、接力跑
第五至六周	掷沙包或垒球、平衡板练习、四宫格前后左右并脚跳和单脚跳
第七至八周	小足球游戏、原地旋转持物接力、绳梯游戏
第九至十周	小篮球游戏、空中旋转跳、折返跑比赛
第十一至十二周	立定跳沙坑、两人三足、单腿俯身取物、珠行万里

二、本次调查的结果与分析

（一）实验前、中、后男生前庭功能、触觉防御的变化情况

从表 3-3 可以看出实验前、中、后男生前庭功能、触觉防御的变化情况。其中，对照组男生的前庭功能标准分分别为 49.29±8.61、51.88±5.94、53.12±7.67；训练组男生的前庭功能标准分分别为 55.12±8.69、57.41±9.17、58.94±9.50；对照组男生的触觉防御标准分分别为 52.94±8.84、52.82±10.31、52.71±9.60；训练组男生的触觉防御标准分分别为 58.53±8.32、59.47±6.99、61.35±7.50。在前庭功能实验中的标准分比较中存在显著性差异（$p < 0.05$），即感觉统合体育游戏训练

对男生的前庭功能有着积极的影响；在触觉防御实验中、后的标准分比较中分别存在显著性差异（$p < 0.05$）和极显著性差异（$p < 0.01$），即感觉统合体育游戏训练对男生的触觉防御有着积极的影响。

从标准分来看，训练组男生在每个训练阶段都有一定的提升，前庭功能从初测到实验后标准分提高了 3.82 分，触觉防御从初测到实验后标准分提高了 2.82 分，这表明，感觉统合体育游戏对改善男生的前庭功能和触觉防御能力具有积极作用。

表 3-3 男生前庭功能、触觉防御的变化情况

组别	n	前庭功能			触觉防御		
		实验前	实验中	实验后	实验前	实验中	实验后
对照组	17	49.29±8.61	51.88±5.94	53.12±7.67	52.94±8.84	52.82±10.31	52.71±9.60
训练组	17	55.12±8.69	57.41±9.17	58.94±9.50	58.53±8.32	59.47±6.99	61.35±7.50
t 值	—	1.963	2.088	1.967	1.898	2.200	2.926
p 值	—	0.058	0.046*	0.058	0.067	0.036*	0.006**

注：* 表示 $p < 0.05$ 为显著性差异，** 表示 $p < 0.01$ 为极显著性差异。

（二）实验前、中、后男生本体感、学习能力的变化情况

从表 3-4 可以看出实验前、中、后男生本体感、学习能力的变化情况。其中，对照组男生的本体感标准分分别为 53.12±11.16、54.76±9.67、53.82±9.05；训练组男生的本体感标准分分别为 57.82±8.85、56.82±9.19、58.47±7.75；对照组男生的学习能力标准分分别为 53.35±11.18、55.17±9.19、55.18±10.57；训练组男生的学习能力标准分分别为 57.12±10.80、58.29±9.96、59.65±9.13。在本体感实验前、中、后的标准分比较中不存在显著性差异（$p > 0.05$），即感觉统合体育游戏训练对男生的本体感的影响不明显；在学习能力实验前、中、后的标准分比较中，不存在显著性差异（$p > 0.05$），即感觉统合体育游戏训练对男

生的学习能力的影响不明显。

从标准分来看，训练组男生的本体感从初测到实验后标准分提高了 0.65 分，学习能力从初测到实验后标准分提高了 2.53 分，虽然他们与对照组男生相比无显著性的提升，但对本体感有微弱的提升，对学习能力有较大的提升。在后续的训练中，教师可以通过花样跳绳、体适能和长拳等练习，进一步提升学生的本体感和学习能力。

表 3-4 男生本体感、学习能力的变化情况

组别	n	本体感			学习能力		
		实验前	实验中	实验后	实验前	实验中	实验后
对照组	17	53.12±11.16	54.76±9.67	53.82±9.05	53.35±11.18	55.17±9.19	55.18±10.57
训练组	17	57.82±8.85	56.82±9.19	58.47±7.75	57.12±10.80	58.29±9.96	59.65±9.13
t 值	-	1.362	0.636	1.608	0.998	0.948	1.320
p 值	-	0.183	0.529	0.118	0.326	0.350	0.196

（三）实验前、中、后女生前庭功能、触觉防御能力的变化情况

从表 3-5 可以看出实验前、中、后女生前庭功能、触觉防御的变化情况。其中，对照组女生的前庭功能标准分分别为 51.30±7.63、53.71±7.49、55.06±7.87；训练组女生的前庭功能标准分分别为 50.53±8.29、52.60±8.53、54.94±7.85；对照组女生的触觉防御标准分分别为 53.47±8.95、56.11±9.15、59.24±8.39；训练组女生的触觉防御标准分分别为 52.06±7.03、53.29±7.74、52.76±9.00。在前庭功能实验前、中、后的标准分比较中不存在显著性差异（$p > 0.05$），即感觉统合体育游戏训练对女生的本体感的影响不明显；在触觉防御实验后的标准分比较中存在显著性差异（$p < 0.05$），此时对照组标准分大于训练组标准分，即感觉统合体育游戏训练对女生的触觉防御的影响不明显。

在触觉防御中，出现了对照组女生的标准分高于训练组女生的标准分

的情况，且具有显著性差异。其原因可能为设计的感觉统合体育游戏训练未能影响到女生的触觉防御或需要更长的训练时间去干预。而男女生的平衡能力发展的差异性，表明需对不同性别的学生进行有针对性的教学。

表 3-5 女生前庭功能、触觉防御能力的变化情况

组别	n	前庭功能			触觉防御		
		实验前	实验中	实验后	实验前	实验中	实验后
对照组	17	51.30 ± 7.63	53.71 ± 7.49	55.06 ± 7.87	53.47 ± 8.95	56.11 ± 9.15	59.24 ± 8.39
训练组	17	50.53 ± 8.29	52.60 ± 8.53	54.94 ± 7.85	52.06 ± 7.03	53.29 ± 7.74	52.76 ± 9.00
t 值	-	0.280	0.406	0.044	0.511	0.971	2.169
p 值	-	0.781	0.688	0.965	0.613	0.399	0.038*

注：* 表示 $p < 0.05$ 为显著性差异。

（四）实验前、中、后女生本体感、学习能力的变化情况

从表 3-6 可以看出实验前、中、后女生本体感、学习能力的变化情况。其中，对照组女生的本体感标准分分别为 55.18 ± 8.53、58.29 ± 7.19、59.18 ± 7.59；训练组女生的本体感标准分分别为 53.65 ± 8.52、54.41 ± 7.11、54.47 ± 8.44；对照组女生的学习能力标准分分别为 56.06 ± 9.44、57.65 ± 6.38、58.88 ± 8.56；训练组女生的学习能力标准分分别为 52.94 ± 9.11、52.47 ± 8.86、54.12 ± 7.77。在本体感实验前、中、后的标准分比较中不存在显著性差异（$p > 0.05$），即在统计学意义上，感觉统合体育游戏训练对女生的本体感无积极的影响；在学习能力实验前、中、后的标准分比较中不存在显著性差异（$p > 0.05$），即从统计学意义上来看，感觉统合体育游戏训练对女生的学习能力未产生显著的积极影响。

从标准分来看，训练组本体感从初测到实验后标准分提高了 0.82 分，学习能力从初测到实验后标准分提高了 1.18 分，虽与对照组相比无显著

性的提升，但对本体感、学习能力有着微弱的提升。在后续的练习中，可引进体育智能课程教学，进一步发展学生的感统能力。

表 3-6 女生本体感、学习能力的变化情况

组别	n	本体感			学习能力		
		实验前	实验中	实验后	实验前	实验中	实验后
对照组	17	55.18±8.53	58.29±7.19	59.18±7.59	56.06±9.44	57.65±6.38	58.88±8.56
训练组	17	53.65±8.52	54.41±7.11	54.47±8.44	52.94±9.11	52.47±8.86	54.12±7.77
t 值	-	0.523	1.583	1.709	0.980	1.954	1.700
p 值	-	0.605	0.123	0.097	0.335	0.060	0.099

三、本次调查的结论

感觉统合体育游戏训练对男生的前庭功能、触觉防御有着一定的积极影响，而对男生的本体感、学习能力的影响不明显；

感觉统合体育游戏训练对女生的前庭功能、触觉防御、本体感、学习能力的影响不明显。

四、本次调查的建议

感觉统合能力的发展是各个感觉与神经系统互相配合的过程。在体育教学过程中，教师可以将感觉统合训练融入体育游戏来帮助小学生解决某方面的感觉统合失调问题，以提高小学生的视觉、听觉、触觉、前庭觉和本体感等能力，从而增强体质健康。

第四节　学生体质提升的三个阶段

一、第一阶段（一查，二看，三确保）

一查：检查训练的场地和器材。

二看：第一步看工作计划完成情况；第二步看学生的基本动作水平和测验结果。

三确保：一是注重学生的身体素质测试结果，确保70%的身体训练计划具体落实，谨防早期专项化；二是观察学生的专项成绩测试结果，确保专项训练方法得当；三是家校合力确保睡眠与营养。

二、第二阶段（四养，五合，六时机）

四养（四个养成性教育）：第一，养成按时到校训练的良好习惯；第二，养成写完作业再玩的良好习惯；第三，养成生活规律化的良好习惯；第四，养成在各项活动中注意安全的良好习惯。

五合（五个合理性）：第一，力量训练与年龄结构相适应；第二，不同阶段训练与营养摄入要吻合；第三，运动负荷与恢复训练要整合；第四，运动量与训练强度要协调；第五，少年儿童生长发育规律与心理卫生要合拍不脱节。

六时机：一年级狠抓柔韧突增时机的训练；二年级狠抓快速反应、灵敏突增时机的训练；三年级狠抓协调突增时机的训练；四年级狠抓速度耐力突增时机的训练；五年级狠抓远端肌肉力量和速度突增时机的训练；六年级狠抓爆发力突增时机的训练。

三、第三阶段（七上，八强，九提升）

七上（七种宣传方式）：

①学生体育训练成绩突出、学习优秀要上板报。
②运动队参加上级比赛取得前三名要上红领巾广播站。
③做出突出贡献的运动员要上校园电视台。
④运动员德、智、体、美、劳优秀要上报为市三好学生。
⑤体质测试全体达到国家标准的班级要上集体光荣榜。
⑥体育促进四育发展成效显著的班级，班主任要上校级经验交流会。
⑦大力支持学校体育工作的家长要上家长荣誉榜。

八强（八个强化管理）：

①强化体育课堂教学管理，抓好传统体育项目选材工作。
②强化课外体育活动趣味性，力保参加体育传统项目人数达90%以上。
③强化体育竞赛群众性，确保体育传统项目具有感召力、凝聚力。
④强化单项体育比赛落实，确保学生的天赋被及时发现。
⑤强化运动员档案管理，认真抓好运动员的训练、文化课学习、思想品德工作。
⑥强化运动员档案储存管理，做好评定基础训练水平的跟踪调查工作。
⑦强化教研、后勤保障工作，完善体育传统项目科学化目标。

⑧强化体育场地、器材、健身设施，逐步实现体育传统项目学校规范化。

九提升（九个思想意识的提升）：

①提升教师落实学校体育改革这一项重大政治任务的意识。

②提升教师的敬业精神和追求卓越的观念。

③提升教师在体育教学中因材施教的意识。

④提升教师在体育教学中培养学生运动兴趣的意识。

⑤提升教师在体育教学中校家社协同育人的意识。

⑥提升教师在体育教学中以体育人的意识。

⑦提升教师在体育教学中应用数智技术的意识。

⑧提升教师树立健康第一的意识。

⑨提升教师以研促教的意识。

第四章

建设氛围浓郁的校园体育文化

第一节　校园体育文化的构建

加强学校体育文化建设，应注重对学生和教师的动员和激励，为他们参与体育运动创造有利条件，在物质和精神两方面加强引导和支持，必要时应该将某些体育活动上升到学校的制度层面，保证学校体育文化建设在学校文化建设中的重要地位。

一、学校举办全员参与的运动会和单项体育比赛

华师附小每年举行一次校运会（田径运动会）。在校运会开幕之前，每个年级会进行"一班一特色"体育才艺表演，获胜的两个班会获得在校运会开幕式上表演的机会。校运会为期两天，其中田径运动设置了10个比赛项目，每个班每个项目的男、女组别都可以报6名参赛者。

为了培养学生顽强拼搏的意志和品质，学校规定参加400米比赛的每一名学生都可以为班级的团体总分加1分，未参加个人项目的学生必须参与集体项目（如迎面接力），以确保每名学生都参与运动，肯定自我在运动中的价值，感受体育给自我带来的成就感和乐趣。

为了鼓励各班级大力为学校运动队输送优秀体育人才，学校参考我国将各省运动员奥运会金牌累积进全运会的做法，将各班学生在区级田径运动会获奖的分数累积进下一届校运会的班级团体总分中。

学校还首创了"小飞人"短跑比赛，每班由班主任推荐男、女各4名学生参加正式比赛，未直接获得比赛名额但仍想报名参赛的学生可先参加

达标测试赛，达到学校设定的比赛标准就可获得正式比赛资格。短跑比赛时，根据学生的 50 米成绩进行合理分组，采用前两名直接晋级、第三名进行复活赛的比赛方法，从班内选拔到年级预赛、复活赛、半决赛、复活赛、决赛，共经历 6 个阶段，决赛在全校师生的万众瞩目下完成。这种比赛机制激发了学生对早上运动训练的兴趣，同时激励他们追求"更快、更高、更强"的奥林匹克精神，让全校学生都有机会体验"追风少年"的感觉。

学校通过校内各种体育比赛给予了学生充分的展示机会。在每学期的中段，学校会举办班际篮球比赛，参赛的对象是四、五、六年级的学生。通过近三年的比赛，大部分学生都能熟练掌握基本的篮球技能和比赛规则。学校每年还举行跳绳比赛、广播操比赛、跑操比赛等。

二、学校形成学生乐学、教师乐教的氛围

学校的田径队、篮球队、跳绳队和飞镖队每天早上 7:10 开始训练，7:50 结束，训练时间为 40 分钟，风雨无阻。只要学生愿意练，教师都会悉心地指导，用游戏引导训练的展开，让学生爱上体育，使体育成为其生活中必不可少的一部分。田径训练的长期性和艰苦性决定了学生需要长期激励，学生在训练后会获得一瓶牛奶、一颗糖或一块饼干作为奖励，以肯定他们吃苦耐劳的精神。田径队会在国旗下为出勤率最高的同学颁发"吃苦耐劳奖"，使学生得到充分的激励，从而产生足够的训练动力。

学校还联合广州市教育基金会设立了对教师和学生获奖的奖励。教师每天带学生训练将有一定的训练补贴，学生在区、市运动会上获奖也有物质奖励，同时学校也会对获奖的师生进行隆重的表彰。

三、学校严格落实大课间活动

在大课间时间,除了常规的广播体操外,学校还安排学生进行跑操,学生听着欢快的音乐,排着整齐的队形,浩浩荡荡地进行跑操,整个校园的运动气氛马上活跃起来。跑操克服了广播体操移动距离短、运动量不足的缺点,同时能够很好地提高学生的耐力素质和心肺功能,对学生的身体素质提升有很多好处。为了提高学生锻炼的兴趣,学校还自编了武术操,周二和周四的大课间的锻炼内容为跑操和武术操的组合。

四、学校体育橱窗建设

学校体育橱窗建设目的:进一步发展学校体育文化,展示学校丰富的体育文化成果,引导学生养成终身体育的习惯,培养学生力争上游、敢于拼搏、吃苦耐劳的优良品质。

橱窗建设的位置选择:设置于体育室门口的楼梯口。既方便教师的日常更新和管理,又能够让学生在上体育课时易于观看,能产生很好的宣传效果。

橱窗展示内容:

①学生进行篮球比赛、田径比赛及日常训练的照片。

②学生获奖的照片。

③"体育之星"获奖名单。

④学生训练总结或感想。

⑤广播操及跑操照片。

⑥学生上课时的照片。

⑦校运会及"小飞人"短跑比赛照片。

⑧体育科荣获的奖杯及学生荣获的比赛奖杯。

⑨体育知识宣传海报（如田径规则、损伤预防等），橱窗展示内容的更新频率为每季度一次。

通过建设体育橱窗，让其成为学校体育文化宣传的前沿阵地和新高地。

五、学校鼓励教师成为学生锻炼的榜样

"榜样的力量是无穷的"，小学生天生就崇拜教师，教师喜欢什么，学生就会跟着热爱什么。学校根据华师附小的教师健身跑步锻炼奖励条例，结合实际情况，经实践和研究认为：跑步是最省钱、对场地要求最低，也不需要伙伴，可以随时随地锻炼的简单运动项目。

为了鼓励教师成为学生锻炼的榜样，学校制订了鼓励措施。首先，每年学校工会组织有奖励的长跑活动。教师每天跑步锻炼身体，难免感觉单调无趣，如果能适时给予鼓励，使教师对跑步的坚持和对自己的极限有所挑战、有所期待，有利于跑步运动的长期进行。

其次，学校实施不同距离下的分级奖励制度。完成15千米者为特等奖；45岁以下教师身体健康者均可参加10千米以上距离的比赛，45岁以上教师可以选择5千米以上距离的比赛；每项比赛均按一定比例设置一、二、三等奖。

六、学校十大"体育之星"评选

学校"体育之星"不仅要求学生是校运会的冠军，而且学生是否热爱体育、是否热心于班集体的体育工作、是否以为学校争得荣誉为荣都要纳

入评选的标准，这样评选出来的学生才能更好地发挥学校体育明星的榜样作用。校园"体育之星"作为同学们的榜样，应在体育锻炼以及课外体育活动的参与上体现出其带头作用。

建设高质量的校园体育文化，营造浓厚的运动氛围，学生的身心健康才能有保障。校园体育文化的建设并无定式，也无模板，每个学校都有自己的特色项目与优势资源。根据学校的地理位置、气候条件、学生喜好、教师特长等综合因素塑造起来的校园体育文化才是有生命力的，努力将"体育"变得更有"文化"是体育教育者终生奋斗的目标。

第二节 "一校四品"的校园体育文化

华师附小贯彻"美好体育"课程，切实加强学校体育工作，以"七个动起来"（校领导动起来、体育教师动起来、全校教师动起来、全体学生动起来、家长动起来、体育名人动起来、校园墙壁"动"起来）为抓手，建设校园体育文化，形成家校社共同育人的局面。学校设计"一校四品"的以体育人体育特色发展路径，通过特色项目推动学生体质的全面提升，强化体育技能的形成。以运动选材为依据进行特色项目设计，为不同体型和运动能力的学生找到适合自己的项目（篮球项目需要身高和体力，田径项目需要速度和爆发力，跳绳项目需要小巧灵活，飞镖项目需要身手稳定），面向全体学生真正实施因材施教。突出学校体育特色，打造浓郁的运动氛围，激发学生运动兴趣，让每一名学生参与校运会，让每一名学生找到合适的体育运动项目，让每一名学生从运动中找到自信和乐趣，形成了超越自我、追求卓越、带动他人、共同进步、品学兼优的学校体育文化。

一、特色体育文化的运动项目构建

田径、篮球、跳绳、飞镖是华师附小的四大特色体育项目，在全校范围内大力推广和普及，给学生创造了大量的练习和比赛的机会，学生经常在省、市、区的体育比赛中取得佳绩。学校还每年秋季举行田径运动会、春季举行"小飞人"短跑比赛，每学期举办篮球赛和跳绳比赛。

学校精心布局的四大体育项目均由学校教师担任主教练，因为每个学生的能力都是不一样的，只有在校教师对他们了解得最清楚。在身体能力方面，篮球需要身高、体壮，田径需要速度和爆发力，跳绳需要小巧灵活，飞镖需要身手稳定。教师要为不同身体特点的学生找到适合自己的项目，面向全体学生真正实现因材施教。

四大项目组合的优点：健身效益、兴趣度高、普及度高、练习便利、团队协作、线上练习、线上对战。

田径、篮球、跳绳都是普及度非常高的项目，可以涵盖绝大多数学生的需求，有利于培养学生的运动兴趣。跳绳、飞镖是居家锻炼的好项目，而且能够进行正式的线上比赛，极大地提高了学校的办赛效率。从运动效果来看，田径是运动之母，具有极高的基础锻炼价值，跳绳和篮球是长高神器，飞镖可以培养学生的专注力，跳绳和篮球可以有效培养学生的团队精神和协作能力。

学校规定，只有体育优秀的学生才能评三好学生。学生达到体育优秀有四个途径：体育课成绩优秀；校运会单项比赛获得前三名；参加区级以上比赛获得前八名；体质测试成绩优秀。

例如，学生在课后兴趣班练习武术、健美操，然后代表学校参加省、市、区比赛，获得比赛前八名即可获得评定三好学生的资格，打破了以往只有通过体育课堂才能评定优秀的局面，鼓励学生个性发展，培养特长，真正实现因材施教。

学校不仅关注每一名学生当时当地的运动健康，还关注他们可持续的健康发展与综合发展。教师基于系统的校级、班级、学生数据，按照学生一至六年级身体素质的动态发展，开展相应的体育教学、运动训练及布置家庭作业。例如，一名学生一年级入校时体能不好，可以先练习飞镖，培养体育兴趣以后，他再开始尝试重点练习跳绳，通过跳绳增强身体素质、弹跳能力等，继而开始尝试篮球运动和田径运动……整个一至六年级的过程也是这名学生的运动成长手册。

应新课标下的体育选项教学的要求，从全面提高学生体质和激发学生学习兴趣的角度审视，学校引进了具有基础锻炼价值且易于在家里锻炼的智能跳绳项目。智能化和网络化的跳绳打破了体育锻炼的时空限制，实现了校内外体育锻炼一体化。该项目实施两年后，全校学生的身体素质明显提高，学生的跳绳水平也达到了新高度。在 2022 年和 2023 年的省、市跳绳比赛中屡获佳绩，学生在 2023 年广州市中小学生体质健康测试中及格率达 100%，优秀率从 21% 提高到 45%，优良率从 71% 提高到 87%。全校学生的 1 分钟跳绳平均成绩从 105 个提升到 156 个。

二、特色体育文化的体育活动构建

（一）大力推动阳光体育，丰富校园体育文化

华师附小贯彻"让我们一生幸福成长"的可持续发展的理念，突出学校体育特色，使学校体育工作生机勃勃，并收获了丰硕的成果。近十年来，学生在省、市、区的各项体育比赛中都取得了名列前茅的可喜成绩。

学校篮球成绩突出，男女队均代表广州市天河区参加了广州市小学生篮球锦标赛，并分别获得第一名和第五名。学校因篮球和田径两个项目的优秀成绩被广州市教育局和体育局评为"广州市体育传统项目学校"。

（二）积极开展第二课堂课外活动

学校的第二课堂课外活动开展有田径、各种球类活动、趣味毽、跳绳和各种棋类活动等项目。第二课堂课外活动内容丰富、形式多样，学生参与率为 100%，每一名学生都能在学校里找到自己有兴趣、适合自身发展的课外体育活动。

（三）篮球特色：由校到省的篮球赛

学校每个学期举办一次为期一个月的班级篮球联赛。班级篮球联赛以班为单位，分为四、五、六年级组进行比赛，学生自由选人组队参赛。比赛分为预赛、决赛两个阶段，第一阶段为单循环赛制，第二阶段为淘汰制。每个年级组决出前三名，颁发荣誉证书，再由体育科教师根据比赛记录数据，在每个年级评选出一名"最佳球员"，并评出"体育道德风尚班级奖"。

（四）田径特色：举办"小飞人"短跑比赛

"小飞人"短跑比赛是学校学生参与热情最为高涨的比赛，每年都有约800人参加，也得到了家长的大力支持，他们会亲临比赛现场为孩子们加油呐喊。短跑比赛分为达标赛、预赛、半决赛和决赛，小运动员们通过激烈的竞争向全校师生展示了他们的实力，展现了生命的活力。

（五）体育与美育紧密结合，以田径运动会为载体的体育节

每年学校会定期举办一次学生和家长全员参与、特色鲜明的体育节。体育节为家校结合模式，学校通过发布家长书、张贴"每天一小时阳光体育""学生终身体育发展"等特色体育宣传标语、墙报、校园广播等形式宣传阳光体育活动，将体育知识传授纳入教学计划，以此引起家长对孩子体育活动的关心和支持，为孩子创造良好的家庭体育锻炼氛围。学校一年一度的体育节活动内容包括集啦啦操、艺术、美术于一体的大型开幕式表演，以田径项目比赛为主，辅以家庭亲子活动、教师比赛等趣味性的比赛项目。其开幕式的内容、形式和规模在广东省首屈一指。

（六）智慧化课堂建设

学校在2021年向每一名学生免费发放了一条智能跳绳，并使用智能

跳绳上跳绳课和进行校队训练。学校的智能跳绳课例《双人合作跳绳》为广东省精品课程资源。

（七）积极开展线上跳绳比赛和家庭体育作业

全校普及跳绳，每季度进行一次学生线上跳绳比赛。根据教育部2021年4月印发的《关于进一步加强中小学生体质健康管理工作的通知》中的要求"学校要对体育家庭作业加强指导，提供优质的锻炼资源，及时和家长保持沟通"，学校建立了家庭体育作业制度，举行跳绳打卡积分赛、线上跳绳个人赛和线上亲子跳绳比赛。

（八）积极参加"青少年百人跳绳校际赛"

在广东广播电视台体育频道"青少年百人跳绳校际赛"开赛前，学校进行了跳绳比赛，选出了跳绳成绩最好的100名学生参加校际赛。

这个预赛对学校营造浓郁的运动氛围发挥了重要作用，连续五天的比赛激发了学生为校争光的热情，学生每天的测试成绩都在提高。

本次比赛在宣传上做得特别出色，学生可以通过电视看到每所学校的比赛成绩，这满足了小学生渴望展现自我的需求。主办方也安排了本次比赛的总导演给学生做赛前动员，让学生明确了比赛的意义和价值，达到了很好的宣传效果。

三、特色体育文化打造的效果

（一）学生体质健康成效

体育文化建设让学生的运动兴趣、运动能力、运动技术得到大大提高。在2022年1月进行的国家学生体质健康抽测复核中，华师附小学生总体优良率为 76.19%，优秀率为 42%，及格率为 100%。在 2023 年的广东省学生体质健康标准抽测中，学生也取得优异成绩，优良率达到 100%，并在各种体育比赛当中屡获佳绩。

（二）课题研究成效

近四年体育科教师申报的课题如表 4-1 所示。

表 4-1 体育科教师申报课题明细

序号	主持人	申报时间	课题等级	题目
1	张泽林	2020	省级	立德树人背景下体育训练德育渗透实践研究
2	邓山	2021	省级	利用智能跳绳提升小学生感觉统合能力的实践研究
3	张泽林	2021	市级	"双减"背景下利用智能跳绳提升育人价值的实践研究
4	张泽林	2023	省级	"三全育人"视域下体育与健康课程具象化德育实践研究
5	龙捷	2023	市级	"三全育人"视域下田径训练具象化德育实践研究
6	李振辉	2023	市级	"双减"背景下利用智能跳绳全面提升学生体质的实践研究
7	黄铭泉	2024	市级	基于可穿戴设备的小学智慧体育课堂教学实践研究
8	魏波	2024	市级	智慧体育设备助力小学生体质健康的实践研究
9	麦郑子丰	2024	市级	新课标背景下小学体育课堂"以体促智"的实践探究
10	张泽林	2024	市级	以体育人：AI 赋能小学"五融两线 N 点"创新模式的构建与实践

（三）学生体育竞赛成效

2023 年 4 月 15 日，华师附小学生参加了广州市体育传统项目学校田径比赛，最终以 5 金 6 银 2 铜获得团体总分冠军。在此之前的七年里，广州市体育传统项目学校田径比赛共举行了五次比赛，华师附小拥有四次团体总分冠军和一次团体总分亚军的骄人战绩。

华师附小学生获得的其他竞赛成绩如下。

2023 年 11 月，广东省中小学生飞镖锦标赛小学组团体总分第一名。

2023 年 11 月，广东省小学生田径锦标赛乙组团体总分第二名，甲组二等奖，其中罗焌月同学获得女子 100 米冠军。

2023 年 4 月，广州市中小学生田径运动会（小学组）团体总分冠军。

2023 年 4 月，天河区中小学生田径赛团体总分冠军。

2023 年 11 月，广东省校园跳绳联赛超级组二等奖。

2023 年 10 月，广州市"七星杯"中小学生跳绳比赛普通组团体总分冠军。

2023 年，天河区中小学生运动会跳绳比赛团体总分冠军。

2023 年 5 月，广东广播电视台体育频道"青少年百人跳绳校际赛"第三名。

2023 年 5 月，天河区小学生篮球联赛女子乙组冠军。

2023 年 6 月，广东省小篮球联赛 U10 校园混合组第二名。

2023 年 10 月，广州市小学生篮球比赛女子二等奖。

2022 年，获广东省小学生田径锦标赛团体总分一等奖。

2021 年，获得广州市体育传统项目学校田径比赛团体总分第二名。

2015 年—2023 年，共 6 次获天河区中小学生田径运动会团体总分第一名。

2017 至 2019 年，连续三年获得广州市传统项目学校田径比赛团体总分第一名。

（四）学校体育荣誉成效

华师附小近年来获得的体育荣誉如下。

2017 年获评为广东省校园足球协会青训基地。

2021 年被评为上海体育大学"以研促教"提升学校体育质量行动基地学校。

2020 年被评为广州市中小学校高水平学生体育美育团队。

2020 年被评为广东省篮球特色学校。

2021 年被评为广东省学生体育艺术联合会田径协会训练基地。

2021 年被评为广东省校园篮球推广学校。

2022 年被评为广州市健康学校。

四、特色体育文化打造的未来构想

学校的大单元教学、学练赛一体化教学、三到六年级的选项教学，结合智能跳绳项目的引入，协同篮球、田径特色项目的品牌建设，为学生在课外和校外创造了更多的比赛机会，大幅提升了学生的运动兴趣、体能、技能。我期待在未来与更多的学校共同推动新课标的落实，开展体育品牌建设，打造校园体育文化，让更多的人因体育而受益。

第五章

如何取得家校社协同育人的显著成果

第一节　大教育视域下家校社协同育人的价值、困境及实践

《中国教育现代化2035》提出:"大力推进校园文化建设。重视家庭教育和社会教育。"体育在德智体美劳"五育"中居于重要位置,具有"以体育人"的特殊功能和价值取向,体育教育的家校社多元协同,无疑对体育教育质量的提升,乃至教育均衡发展与质量促进都具有重要的现实意义。体育课程一体化体系的建构,首先在"纵向衔接、横向一致、内在统一、形式联合"的定位上,明确在"形式联合"中提出了要做好家校社联合。接下来探讨一体化为何要提出这种联合?能否顺利实现联合?如何创造机会、凝心聚力走出困境,助力体育课程一体化,让学生的身心健康全面发展。

一、家校社联合的育人价值

家校社联合并不是体育课程一体化研究提出来的,这一理念由来已久,从教育发展和提升体育教育质量的角度看,家校社联合具有重要的现实意义和推动力。

(一)家校社联合的提出

多少年来,人们一谈起教育,首先想到的是学校教育,似乎会错误地认为离开了学校这一育人场所,教育就失去了生命力。实则不然,家庭、

学校、社会有机联合才能真正培养出国家需要的栋梁之才，才更有利于学生在成长、成才、成功之路上稳步前行、健康发展。

党和国家也早已对体育教育的家校社联合给予了高度重视，多次下发文件加以强调，2012年国务院办公厅印发的《关于进一步加强学校体育工作的若干意见》也明确提出："完善学校、家庭与社会密切结合的学校体育网络，促进体育与德育、智育、美育有机融合，不断提高学生体质健康水平和综合素质。"2016年国务院办公厅印发的《关于强化学校体育促进学生身心健康全面发展的意见》在家校社联合方面提出："家长要支持学生参加社会体育活动，社区要为学生体育活动创造便利条件，逐步形成家庭、学校、社区联动，共同指导学生体育锻炼的机制。"2023年教育部等十三部门联合印发的《关于健全学校家庭社会协同育人机制的意见》提出：学校充分发挥协同育人主导作用，家长切实履行家庭教育主体责任，社会有效支持服务全面育人，并提出了加强组织领导、强化专业支撑、营造良好氛围等保障措施。2024年《广州市健全学校家庭社会协同育人机制行动计划（2024—2026年）》提出了实施家庭教育指导教师队伍建设"十百千万"工程、完善"1+N+X"的协同育人工作网络体系、实施家庭教育评价促进工程等具体措施，旨在构建具有广州特色的学校家庭社会协同育人机制。

体育课程一体化提出了校内外的联合，重点聚焦在家校社的联合上。"联合"，一是要联动，体育教育不仅是学校的事情，尤其是学生运动习惯的养成、运动技能的掌握、体质健康的促进等，家庭、社会都要行动起来，发挥联动效应。二是要合作，即建立合作的机制，意味着联合要采取有效的方式方法，产生合力效应，才能取得良好的效果。

（二）家校社联合的现实价值

党的教育方针明确提出教育要培养德智体美劳全面发展的社会主义建设者和接班人。尽管在学校教育中，各学科积极探索教育教学方法和规律，为提高教育教学质量、满足学生发展需求，合理设置课程方案，优化学校教育资源，但学校毕竟是个大集体，多集中于共性的教育方式方法的应用，遵循学生年龄段特点和发展规律实施以及因材施教，但综合分析来看，完全满足每一名学生个性化发展需求的愿望并不能够全部实现。因此，加强家庭教育、社会教育在一定程度上能够弥补学校教育之缺口，家校社协同共育，使每一名学生都能得到更加充分的发展和尽可能地满足发展愿望。

在体育教育的范畴内，学生面临的肥胖、体重超标、视力损害及不良体态等问题正日益严峻，严重阻碍了中国青少年的健康成长之路。尤其令人关注的是，许多学生在长达十二年的体育学习过程中，竟未能精通任何一项运动技能，这成了一个亟待解决的教育难题。从大教育视角出发，我们不应简单地将这些问题的根源归咎于学校教育体系或学校体育工作的不足，更不应片面地将责任推给辛勤耕耘的体育教育工作者。

实际上，学生体质与运动技能的发展是一个错综复杂的过程，涉及多方面因素。诚然，学校体育工作者与学校教育的质量对此有着重要影响，但家庭环境与社会氛围在体育教育领域的缺失同样不容忽视。尤为关键的是，学校、家庭与社会三者之间尚未形成强大的合力，缺乏有效的联合促进机制，这进一步加剧了上述问题的复杂性和解决难度。

因此，推动学校、家庭与社会的紧密合作，对于全面提升学生体质健康水平、根除体质下滑的长期困扰，以及培养学生形成终身体育运动的习惯和技能，具有极其重要的意义。只有三方携手并进，共同为学生的健康成长和运动发展贡献力量，我们才能期待一个更加健康、有活力的青少年群体在未来绽放光彩。

二、家校社联合的困境

家校社联合说起来容易，做起来实属不易。联合的机制是什么？谁来牵头组织联合各项活动的开展？假如各自为政，显然无法真正联合，要形成机制走出联合困境，否则就难以有所突破。

（一）责任边界模糊

学校、家庭、社会在联合育人过程中的责任边界不够清晰，导致协同育人松散、低效。三方难以建立起稳定和谐的协同关系，缺乏明确的责权分工，使得协同育人的实践效果大打折扣。

（二）育人机制松散

系统化、常态化的家校社协同育人机制还不够普遍，三主体合作育人实践整体呈现出碎片化倾向。信息沟通和资源共享机制不够完善，可能导致信息过载、资源获取不平等的问题，从而加大协同育人的难度。此外，社区资源与学校教育资源的联动也不够紧密，缺乏系统的整合策略。

（三）专业支持和指导不足

尽管家校社协同育人的重要性已经被广泛认识，但在实践中仍缺乏足够的专业指导和支持。特别是对于家庭和社区育人主体的专业化培训和支持不足，影响了协同育人的质量和效率。这导致家长和社区在参与育人过程中缺乏科学的方法和策略，难以有效发挥作用。

（四）参与机制和激励机制缺乏

家校社三方参与协同育人的动力和积极性不足，缺乏有效的激励措施。这使协同育人的实践活动往往停留在形式上，难以深化和持续。缺乏有效的激励机制和参与机制，使家校社协同育人的效果难以充分发挥。社区在协同育人过程中的作用尚未充分发挥，与学校教育之间的系统性、协同性存在差异。社区教育资源相对匮乏，缺乏专业的教育人才和设施，难以提供有效的教育支持和服务。此外，社区与学校的联动机制不够完善，缺乏定期的沟通和合作机制。

（五）家长育人观念亟待更新

部分家长的育人观念落后，缺乏科学育人理念，过于关注孩子的学业成绩而忽视其他方面的成长。这导致家庭教育与学校教育的目标不一致，难以形成教育合力。同时，家长在参与学校教育过程中可能存在过度干预或缺位的现象，影响协同育人的效果。

三、突破家校社联合困境的对策

（一）"连点"的确定对家校社联合困境的突破

体育课程一体化要真正实现家校社联合，确定三者之间的"连点"至关重要。"连点"应该具体反映在共同关心、关注的目标或利益诉求上。因为做任何事情有了既定的目标就有了前进的动力，在某种意义上有了利益驱动，合力也便容易形成。体育课程一体化总体上是要发挥体育课程的服务功能，更好地促进学生的身心健康、全面发展和满足学生的运动需求。学校是德智体美劳"五育"的核心育人阵地，其教育功能的核心在于服务国家的教育事业，服务学生的全面发展。学校在为国家、为学生做好服务的前提下，也能够促进学校的发展与进步。

家长希望孩子健康成长、学有所成，孩子长大后成为国家的栋梁。孩子的健康成长离不开家长的保驾护航，因此家长服务意识增强，孩子的健康成长与全面发展稳步推进，家庭将会更温馨、幸福和兴旺。

社会是由人和环境形成的综合关系，体育课程一体化中的"社会"指的是具体的社会机构，特别是社会体育机构或支持体育发展的相关组织。社会体育机构隶属服务业，离开了服务，社会体育机构的社会效益与经济效益也就不复存在，其自身的发展也难以稳健或实现跨越。

通过分析学校、家庭、社会的功能定位与目标指向，不难看出，"服务与发展"可以确定为三者共同的目标与利益诉求，是彼此能够联合的"连点"。只有服务而不考虑自身的发展，联合难持久；只重视自身发展不强化服务意识、服务质量和服务水平，联合无意义。要实现家校社的联合，服务与发展不可偏废，二者同时存在，才能找到平衡。服务一定意义上还隐含着奉献，即"舍"，而发展还带有得到之内涵，即"得"，合二为一是"舍得"，因此，无论是学校、家庭，还是社会，归根结底还可将"连点"高度概括为"舍得"，而且是先"舍"后"得"，离开了"舍得"难以凝心聚力。

（二）"制度"的建立对家校社联合困境的突破

确定"连点"至关重要，但要想真正地发挥联合作用，还要建立促进各项活动有效落实的联合机制。

第一，联席制度的建立使家校社联合成为有组织的活动。无论是家庭还是社会，平日都有自身的责权并履行着常规的活动，难以主动去支持学校的体育工作，即使偶尔主动为学校体育提供支持，也难以形成常态，支持的效果可想而知。因此，由学校牵头，定期组织家校社联席会议，组建一支由三方组成的兼职组织管理团队并形成制度十分必要。大家可以共商体育课程一体化三方联合服务与发展之策，既能达成共识，具有共同的服务对象和服务目标，也能够探寻发展的着力点和突破口，达到共促、共建，形成合力。

第二，资源共享制度的建立使家校社联合成为有力量的活动。家校社难以联合的关键问题是未能做到资源共享，有的学生家庭在体育方面有优势资源，如有的家长具有体育特长或在体育企事业单位任职，一旦这些资源发挥作用，家校联合就能有资源保障。社会体育机构的场地、师资、器材资源丰富。校外体育机构如果可以进入学校，会使学校体育课程更加丰富与个性化。

第三，竞赛机制的构建为学校、家庭与社会的紧密联结提供了一个实质性的舞台。在体育课程一体化的"多元化"推进路径中，特别强调了学习、训练与竞赛的深度融合。在传统上，体育课程往往侧重于学习与训练环节，而竞赛环节则被边缘化，且对其价值的认知存在误区。这里的"竞赛"不仅涵盖正式的竞技赛事，还延伸到了以娱乐健身、技能提升为目的的全员运动会竞赛项目，以及教学过程中的双人或小组间对特定动作的比拼。通过建立家校社联动的竞赛体系，聚焦于共同举办各类竞技活动，不仅能有效利用学校和社会的体育设施，还能为有体育潜能或兴趣的学生搭建展示与成长的舞台。

第四，家庭体育作业制度的实施成为促进家校社协同合作的具体着力点。尽管校园内的体育课程已涵盖丰富的课内外活动，但学生在参与度和成效上仍有提升空间。引入家庭体育作业，作为学校体育锻炼的有效补充，能够增加学生的锻炼时间，并提高锻炼效果。这一过程离不开家长的监督与鼓励，以及在必要时社区体育设施的辅助。特别是针对那些需要专业场地或特殊技能的体育作业（如游泳），社会体育场馆成为学生完成作业的关键场所，这进一步强化了家校社之间的紧密联系与合作。

四、突破家校社联合困境的实践

针对家校社联合的困境,可以采取以下措施加以解决。

(一)明确家校社三方责任边界,建立稳定的协同关系

基于学校在开展家校工作中遇到的实际问题,建立家校沟通机制,为协同育人提供组织保障。

以华师附小为例,学校树立"以人为本"的原则,建立由校长为统筹,由分别主管教学、德育、总务的副校长为各组组长,相关主任为副组长,由科任教师、班主任、校医及教辅人员为组员的家校沟通组织架构,并制定章程。其中班主任负责联络各班家委会,相关主任负责联系各年级家委会。

(二)完善育人机制,推动家校社协同育人实践机制的系统化和常态化

家庭是孩子的第一个课堂,家长是孩子的第一任老师,原生家庭的教育对孩子的性格养成有重大的影响。因此,科学的家庭教育观念、良好的家庭环境、正确的家庭教育方法至关重要。学校通过家长会、亲子讲座等方式,帮助家长树立科学的家庭教育理念,了解不同阶段学生的身心发展特点,并掌握正确的家庭教育方法。

以华师附小为例,为了更好地实现家校社共育,学校推荐了本校教师撰写的相关教育专著为家长实施家庭教育提供参考。同时,学校为家长提供了校长信箱、体育邮箱、热线电话、微信公众号、天天跳绳 APP、抖音视频教学等,解答家长在抚育过程中的疑惑与困难,并及时回复、反馈。华师附小与华南师范大学体育科学学院合作共建"大学生校外实践基地",通过课程建设、个案辅导、课题研究等形式开展家庭教育相关活动,与家

长共同呵护学生心理健康的发展。同时，学校积极组织师生和家长参与由广东省教育厅、广州市教育研究院、天河区教师发展中心和天河区未成年人心理辅导与援助中心等教育部门举行的相关活动，如推广天河区亲子高质量陪伴系列课程，承办其中五至六年级课程，邀请家长学习。学校还与中山大学附属第三医院、广东省红十字会签订卫生应急协助机制协议，定期开展专家讲座、演练、知识竞赛、心理援助、应急事件避险等活动，并开通绿色通道服务，为有特殊需求的学生提供转诊服务。

（三）加强专业支持和指导，提升家校社三方在协同育人中的专业素养和能力

华师附小定期组织"以体育人"讲座、广东省中小学教师心理健康教育培训等活动，帮助教师掌握家校沟通的有效方法，为协同育人提供"技术"保障。班主任需获得中小学教师心理健康教育培训B证及以上等级，并纳入班主任考核。目前，学校持有广东省心理健康教育A、B、C证书教师人数分别为56人、104人、106人，教职工获取心理健康教育证书覆盖率达81%。此外，学校每月定期召开班主任工作会议，对班主任工作中遇到的挫折与困惑提供督导，为班主任赋能。形成班主任家访制、任课老师联系家长制和心理老师辅导制，合理看待不同家庭教育的差异，提供个性化家庭教育指导服务。

（四）建立有效的参与机制和激励机制，激发家校社三方参与协同育人的积极性和动力

首先，跟随科技信息发展的步伐，通过互联网拓宽家校沟通渠道，让学生和家长锻炼的过程有一个公开的展示平台。例如，华师附小创建了体质健康微信公众号、视频号和智为心理等电子平台。在寒暑假期间，学校

收集学生锻炼过程中的视频和感想,并发布到学校的微信公众号上。学校还在校内设立心理信箱,收集学生锻炼中的烦恼和困惑,并及时回应。学校基于学生在成长过程中的共性问题,为学生设计相关的锻炼课程,及时向家长发布家庭体育作业。其次,不断探索家校共育新模式,邀请家长进校园参加亲子课堂和重大活动,如亲子跳绳活动、亲子长跑、每年的"小手牵大手"家长开放日活动、一年级少先队入队仪式、班际篮球赛、网络直播的"小飞人"短跑比赛、全员参与的校运会等,以促进学生身心发展。

在体育课程中实施家校社协同育人是一个规模宏大且充满挑战的项目,实现其"形式上的融合"绝非易事,这要求学校、家庭与社会三方面共同发挥作用。然而,要使这三者实现有效结合,除了强调目标的共同性和发挥各自的服务功能外,还必须正视它们各自目标的差异性,即各自的发展需求和保障。否则,真正的融合将难以达成。只有以客观且辩证的态度审视学校、家庭与社会联合所面临的困境,积极探寻服务与发展之间的"连接点",强化制度建设,构建目标驱动的发展模式,才能真正实现三者的深度融合。

第二节　学习和体育锻炼如何协调发展

在学习和体育锻炼的过程中，高效利用时间是解决学训矛盾的关键，但必须有相应的制度来为体育训练保驾护航。

一、高效利用时间是教师解决矛盾的关键

古人云："凡事预则立，不预则废。"对于体育教师而言，要学会充分利用学时的训练时间，合理安排训练计划，用心设计每堂训练课的内容与强度，学会激励与团结队伍，提高学生的自信与训练的热情，使学生在训练时思想能够跟着教师走、紧紧地团结在教师的周围。在临近比赛时，教师可以利用课间操的半个小时以及体育课的时间，对个别的运动尖子"开小灶"，以弥补平常训练积累不够的问题，增强练习效果。

二、充分利用时间是家长解决矛盾的关键

由于中小学生普遍缺乏自我安排学习计划的能力，家长可以充分利用休息日，让孩子巩固自己较弱的科目或者预习新的科目，条件允许的家长可以利用这段宝贵的时间给孩子请一名辅导老师，提高时间的利用效率。在寒暑假，家长可以合理地设计学习课程，明确告诉孩子哪一段时间是学习的时间、哪一段时间可以自由支配，与孩子友好协商，让孩子乐于学习。家长还可以为孩子报一些兴趣班，提高孩子的学习热情，增强学习效果。

三、保障学习落实是学校避免矛盾的保障点

学校由校长牵头建立健全的规章制度来保障文化学习的落实。每学期召开一次家校联谊会，各学科教师、班主任定期向家长反映孩子的学习、训练情况，让家长了解其各方面的表现，发现问题应及时采取措施，共同关心孩子的文化学习。

体育教师、班主任和家长平时应形成良好的沟通机制，为参加体育训练的孩子的成长保驾护航。体育教师应主动、积极地向班主任、家长介绍孩子的训练情况、思想情况、情绪动态，并大力协助班主任、家长加强学生的思想品德教育、组织纪律性管理，了解学生的学习动态，共同处理好学生文化学习与训练管理的关系。如今信息技术如此发达，体育教师可以建立起运动训练微信群，将班主任和家长加入其中，既能方便家校联系，也能让家长和班主任及时了解学生的训练和思想动态，达到双赢的效果。

学校每年举行一次欢迎新生加入训练队的仪式，以增加他们的责任感和荣誉感，同时强调文化学习对于人生的重要性，要求训练队学生准时上课，准时参加学校的早、晚自修。如果有学生在期中或期末文化课考试中明显退步，将做停训处理，对文化课成绩进步显著的学生应及时进行表彰，树立榜样。

教师要让学生清楚，他们首先是学生，其次才是运动员，文化学习是主业，是他们的最根本任务。要让学生清楚地理解文化课学习的重要性，并将这一点深深地植根在他们的心里。

第三节　在田径训练中如何进行德育教育

本节以华师附小为例,从"三全育人"视角切入,充分调动"全员、全过程、全方位的积极因素",提出在田径训练中渗透德育的三个原则:凝聚共识与家校协同原则、系统规划与主题活动渗透原则以及分类设计与全方位实施原则。学校依照这三个原则,根据田径项目和学生禀赋等特点开展德育教育,培养学生的荣誉感、责任感、团队精神、规则意识、意志品质、竞争意识等,实现田径训练的德育价值。目前华师附小训练队的德育教育已取得了良好的效果,主要表现为:学生以集体为荣,队员间互助互爱,学生超越自我、追求进步的意愿强烈,坚韧不拔的意志品质得到提升,学生定规则、守规则意识强,训练秩序良好,无故缺勤的情况减少等。

体育训练是指学校课余体育训练和利用业余时间组织青少年进行的系统的、有组织的、有目的的体育基础和专项运动技术训练及竞赛等活动。有专家指出,体育训练存在"游离"的问题,训练的"游离"误区指的是为训练而训练,只教技术而不育人,一味强调训练成绩,培训目标过于单一,而偏训轻读,让夺金牌、争名次压倒一切,忽视训练的育人作用。田径训练作为学校体育的重要组成部分,同样存在重训练轻育人的问题。不少体育教师已经意识到这个问题,并试图解决这个问题,但大多只考虑到渗透德育的某个方面,没有考虑从田径训练的各主体、各过程和各环节系统渗透德育品质。

全员、全过程、全方位的"三全育人"是整合育人项目、载体、资源实现立德树人的有效保障。华师附小根据实际情况,提出若干指导原则及可操作的实现路径,发挥了"三全育人"的独特价值。

一、田径训练渗透德育的原则

基于"三全育人"理念提出的田径训练渗透德育的三个原则包括:体现"全员"角度的凝聚共识与家校协同原则、体现"全过程"角度的系统规划与主题活动渗透原则,体现"全方位"角度的分类设计与全方位实施原则。

这三个原则具有内在的逻辑关系。首先,在德育渗透过程中必须先促进家校协同,凝聚全体人员共识,只有让参与田径训练的全体人员认识到德育渗透的价值和意义,才能取得他们真正的支持和相应的资源投入。其次,达成共识后付诸行动需要系统的德育渗透主题和行动方案,德育教育是一个长期反复的过程,教育方案的设计必须突出系统规划的特点,突出德育渗透的主题,最后按照方案严格执行。

(一)凝聚共识与家校协同原则

从"全员"角度而言,作为学校田径训练德育实践主体的体育教师、班主任、家长和学生均应对学校体育所具备的德育价值有正确、深刻的认识,并愿意相互配合以助力学生实现学校体育的德育价值。

在田径训练过程中,体育教师是德育渗透的主要实施者,是与班主任、家长、学校沟通的桥梁和中枢。因此,体育教师须着力推动家校协同,凝聚田径训练渗透德育的共识,为实施田径训练提供共识基础和保障。

依照这个原则,华师附小的主要做法包括以下内容。

①提高体育教师的田径训练渗透德育的能力和沟通能力。体育教师向家长讲述自己的育人理念和训练方法,向学生表明带领他们不断进步的信

心,向学校展示打造一支"学霸"和"体霸"队伍的愿望。

②建立田径训练的微信交流群,加强与家长的沟通。体育教师将《训练管理要求》发给家长,家长可以及时反馈学生的身体情况、学习情况、情绪状态。

③建立田径训练家委会,在家长之间架起沟通的桥梁。家长充分发挥自身所长,为学生的训练提供更好的后勤保障,为学生定制营养均衡的早餐以及准时将学生送达学校。

④利用田径运动会的契机加强与班主任的沟通。体育教师在指导各班运动会报名和比赛的过程中,向班主任多了解学生的学习情况以及他们的性格特点和特长。

⑤学校建立鼓励学生锻炼的制度。学校需要用制度来激励学生参与到体育运动中去,如规定学生体育成绩必须是优秀才有资格评选"三好学生"。

(二)系统规划与主题活动渗透原则

从"全过程"角度而言,要使学生通过体育实践活动实现健全人格和锤炼意志的学校体育的德育价值,并非一次或几次活动即可实现。与之相反,这是一个时间跨度大的系统性工程,需要通过多年的持续投入与坚持才可能见到成效。华师附小对学生的田径训练进行了系统规划,制订了详细的方案,设立了系列主题活动,通过主题活动渗透相应的德育内容。系列主题活动为田径训练提供了渗透德育的载体。华师附小部分主题活动如表5-1所示。

表 5-1 华师附小部分主题活动

月份	主题活动	德育渗透
1	举办进队仪式	责任感
2	在寒风中训练	意志品质
3	新学期新风貌	规则意识
4	团建游戏	团队意识
5	"小飞人"短跑比赛前	竞争意识
6	"小飞人"短跑比赛后	乐观的心态和正确的胜负观
7	举办退队仪式	荣誉感
8	观看东京奥运会	爱国主义精神
9	校运会	团结、责任感、荣誉感
10	区、市运动会	团结、责任感、荣誉感
11	区、市运动会总结会	全方位渗透德育教育

（三）分类设计与全方位实施原则

从"全方位"角度而言，要充分重视田径训练各环节所可能具有的德育意义，分类设计与实施，是实现田径训练渗透德育的方法和路径。其具体实施方法如下。

1. 为不同项目设定不同的德育渗透目标

华师附小利用长跑锻炼学生的意志品质，利用跳高和跨栏培养学生的拼搏精神，利用短跑抢跑犯规规定培养学生的规则意识，利用接力项目培养学生的团队精神。

2. 为不同项目的运动员设立专属的展示平台

学校通过平台使不同项目的运动员充分地展示了自身特长，积累了自信心，收获了成功感，同时充分发挥了榜样的带动作用。

3. 为不同运动员定制个性化的训练目标

太高的目标会让学生感到恐惧，产生无力感。教师应给学生设定"跳一跳"就能达到的目标。当人人都有自信心时，队伍的凝聚力和向心力自然就强了。

4. 发挥运动员的主人翁精神

通过设立小组来培养学生的主人翁精神，锻炼组长的责任感，发展学生的团队协作能力。同年级的学生年龄相仿，在生活和学习上交集比较多，容易对彼此打开心扉。当学生在训练时出现思想松懈，同伴的支持和鼓励将起到积极的作用。

5. 为特定场景设置掌声

在长跑、突破自我、助人为乐或训练积极时，所有队员都要给予热烈而有力的掌声，鼓励彼此。

二、田径训练德育渗透的实践与效果

华师附小的体育教师调动各方面的资源，发掘训练各环节的德育价值，营造出良好的训练气氛，帮助学生寻找成长的"重要他人"，让学生在有爱的环境中慢慢地改变态度和行为。教师根据德育渗透的原则，根据田径各项目的特点，选择合适的方法，在合适的时机渗透德育。

（一）发挥榜样力量，增强学生的荣誉感

学校将在天河区、广州市的田径比赛中获奖同学的名单张贴在宣传栏。这是学生每天的必经之路，潜移默化地培养学生的荣誉感。

在为训练队新队员举行的入队仪式上，教师讲述老队员为校争光的事迹，新队员与老队员获得的奖杯合影，通过仪式感来增强学生的荣誉感。学校还会宣传奥运会的运动员故事以培养学生的荣誉感。

（二）设立组长，增强学生的责任感

训练队的学生民主选出各项目的组长，由组长充当小老师，负责组织、指导和激励队友。在训练过程中，组长提醒队员注意安全，练习后大家共同收拾器材。每个月由教师对各组的训练情况和互帮互助情况进行总结和点评，对学生进行勉励和奖励。

（三）依托形式多样的集体活动，培养学生团结协作的精神

教师要先让队员明白，他们不是一个人在战斗，他们有着华师附小最强的运动天赋，他们来到的田径队是全校最精锐的队伍。

学生来到田径队后拥有一个共同的名字——华师附小田径队，不利于团结的话不说，不利于团结的事不做。学生通过分享食物、分享故事、分享掌声加深彼此的友谊，实现共同进步。

（四）结合案例教学与实践，培养学生良好的规则意识

在新队员加入训练队时，学校将《训练和比赛承诺书》发给学生。学生和家长认真阅读后共同签字确认，通过这样的形式培养学生遵守规则的意识。

（五）鼓励学生挑战自我，养成坚韧不拔的意志品质

在训练时教师可以采用让距跑，这个让距的距离由比赛的队员商量决定，这既能激发成绩好的队员突破自我的斗志，也能激发被追赶者捍卫尊严的决心。

训练队的学生每天早晨 7 点开始进行田径训练，风雨无阻。在数九寒冬与炎炎夏日锻炼，不仅强身健体，还能增强他们对寒冷、炎热等极端天气的适应能力，以及不惧严寒、不畏酷暑的坚强意志。

（六）科学训练和指导学生，树立敢于挑战对手的竞争意识

学校鼓励低年级的学生和高年级的学生一起赛跑，鼓励女生主动和男生赛跑，鼓励学生表现出敢于挑战强手的精神风貌。

学校根据每个学生的运动基础，确定每学期学生的最近发展区，然后利用教师期望原理，从运动技术、运动成绩、意志品质、规则意识、助人为乐等方面真诚地肯定学生的进步，当学生看到自己的进步后，会进一步增强他们的自信心，更敢于和他人竞争。

实践表明，华师附小在田径训练中渗透德育取得了良好效果。学生以加入田径队为荣，以为集体增添光彩为傲，以田径队员为标签，愿意将自己的食物、故事跟同学分享，愿意为这个集体的进步付出更多的努力。学生在练习时秩序良好，插队、横穿跑道、推挤、擅自行动的行为鲜有发生，具有良好的规矩意识。学生面对寒冬和酷暑的忍耐力更强了，无故缺勤的情况大大减少。

三、总结与反思

田径是运动之母，有着非常高的锻炼价值，全国的小学都广泛开展着课余训练。但与球类项目相比，田径训练枯燥乏味，导致学生的运动兴趣不高，学生难以长期坚持。

华师附小田径队的德育渗透活动在"三全育人"理念的指导下，田径训练中的德育渗透得到了全体人员的支持，渗透的对象和内容清晰，渗透过程中的主题明确，德育渗透途径多样，贯穿训练的前、中、后阶段，教师根据学生的思想动态，选择合适的方法、时机和德育内容，取得了显著成效。

第六章

如何构建一体化的智慧体育建设方案

第一节　华师附小智慧体育建设方案

一、华师附小智慧体育建设方案概述

　　智慧体育即借助智能穿戴技术、AI 运动视觉分析技术、云计算和大数据分析技术，赋能体育精准教学，解决传统体育教学"难量化、难记录、难监督、难分析"的问题，满足体育教学管理智能化、教学过程数字化及可视化和教学数据精准化分析的教学需求，减轻体育教师的教学负担，提高教学效率，帮助体育教师达到因材施教的个性化、精准化教学目标。

二、华师附小智慧体育建设目标

　　第一，通过智慧体育教学与测评系统及心率监控设备，实现体育新课标规定的体育课堂每个阶段的教学任务达标，提升体育课堂的成效及安全性。

　　根据体育新课标的要求落实完整的课堂教学活动设计，变更单纯口述式、训练式、测验式的体育课堂，将课堂分为准备部分（5 分钟）、基本部分（25 分钟）、结束部分（5 分钟）。在准备部分，体育教师调取智慧体育教学与测评系统中上节课堂的运动报告，分析上节课学习内容及不足，提出本节课学习目标、任务、要点，应用系统播放热身视频，体育教师与学生共同进行热身运动。在基本部分，体育教师应用系统播放运动动作视频，进行运动要领分段讲解，讲述运动知识，组织班级进行测评。系统支持多人一组开展测评，大幅提升了测评效率。体育教师可以使用学校操场上的 AI 运动测试仪记录成绩、监测违规、录制视频，还可以调取系统内课堂测评报告和学生运动过程视频，并根据报告数据、视频内容对运动过程进行分析和评价，选取运动表现优异的学生视频进行正确动作展示，选取表现较差的学生视频进行典型错误动作的展示，精细化分解单个运动项目。

第二，学校建设智慧运动场、AI 运动小站，营造校园体育文化氛围，使学生可以随时随地运动，打造"主动健康"的校园。

学校应用 AI 体育教学与测评系统、基站互动反馈系统打造智慧运动场，为学生提供个性化运动监测、训练与干预指导，实现精准化教学，让学生感受到信息化带给体育课堂的改变，提升学生对体育学习的兴趣。课间，操场上 AI 体育教学与测评系统支持学生在自由练习模式下自主投入练习，系统通过摄像头识别学生人脸、记录学生运动过程和成绩，形成学生运动排行榜、鼓励"生生 PK"。在校园的角落也会布放 AI 运动小站，灵活运用校内空间，让学生三五成群地进行运动项目、体能项目 PK 挑战，还可进行视力测试。学生在趣味化、智慧化、互动式的方法下既锻炼了体质，又通过系统实时运动反馈，得到了即时性的评价与指导。这让学生在课外也能自由开展科学运动，发现自己的运动潜能，弥补自己的运动短板。

第三，完善体育科学、多元的评价方式，通过学生运动表现的变化反映学生的体质健康变化。

在课堂、课后和课外通过可穿戴设备和 AI 运动测试仪，系统智能采集学生的体质健康信息和运动数据，包括日常心率及心率走势变化、运动状态、计步卡路里消耗、运动表现（出勤率、参与度等）、训练目标达成情况、运动参与时长、运动项目成绩等，结合新课标要求，针对课程内容达成度进行体育核心素养的评价，关注学生成长和发展的过程性评价。教师可一键评价，快速、高效地记录教学过程中学生体能、健康教育、专项运动技能等表现情况。系统可以对学生数据进行多维度评价，如班级评价实现班级维度统计分析学生过程性评价达标情况，个人评价实现学生个人维度统计分析个人过程性评价达标情况。

通过持续地监测学生体测成绩，科学评价学生的体质健康变化，智慧体育教学与测评系统分别在学期开始、期中和期末进行对学生体质健康数据的智能采集，建立学生体质健康档案，分析学生各项目成绩变化趋势，评价学生各项素质水平，助力学校"改进结果评价，强化过程评价，探索增值评价，健全综合评价"。

第四，应用智慧体育教学与测评系统的移动端 AI 运动小程序落实体育课后场景，形成家校共育的体育教学服务模式。

通过系统的移动端 AI 运动小程序，可以监测学生居家自由训练、运动打卡和完成体育作业情况，手机摄像头能够记录和识别学生跳绳、开合跳、深蹲、高抬腿等多项运动过程和成绩，形成计时、计数的打卡记录和作业报告，体育教师可以通过系统查看班级体育作业的完成情况，家长可以通过系统生成的学生运动报告了解孩子的体质健康发展情况，以落实对学生校外运动的评估和监督。

第五，创新信息化与传统体育教学融合的教学模式，形成华师附小独有的体育教学范式，打造湾区体育教学高地。

教学模式创新：形成课堂、课后、课外几个场景全覆盖的信息技术融合体育教学模式。基于物联网摄像头和领先的人工智能运动视觉算法打造的智能化运动场，无须搬运、调试和测试器械，构建有趣的体育课堂环境、课后练习环境，基于移动端小程序进行灵活的课后作业和居家运动打卡应用。使学生学练结合，并提升了体育教学的创新性、科技性和趣味性。

训练手段精准：系统对学生的每项运动过程进行精细分解，如跑步的准备、起跑、冲刺三个视频关键帧提取，以辅助体育教师快速发现运动过程中的问题、运动薄弱项，课上聚焦学段、年级、班级的共性问题，针对学生个性化问题开展针对性教学指导。系统不断通过数据反馈学生的体育锻炼成果、表现变化，使运动方法改进有依据、有反馈、有效果，达成闭环式、精准化的运动模式。

运动安全提升：系统依靠心率监控设备实时监测学生的运动负荷情况、预警发现运动超负荷现象、提示学生的运动散漫现象，提升了课堂运动效果，减少了教学安全隐患。

教学评价科学：系统通过智能装备无感采集学生的运动数据，回溯运动过程，及时发现不足之处；基于运动过程的数据和成绩、达标率、指标等结果开展结果评价、增值评价，认可学生的个体差异存在，不以某一次成绩和指标评价学生，而以学生的数据增值区间评价学生的学期、阶段体育学习的表现和体质健康发展。

体育特色发展：结合华师附小的体育特色基因，系统在未来将进一步扩展在足球、篮球、排球等领域的智慧体育建设，借助物联网、人工智能和大数据技术，赋能体育专业人才培养。

三、华师附小智慧体育总体设计

结合学校场地的场勘情况以及综合技术可实现度，基于实用性、经济性、拓展性、稳定性原则，智慧体育教学与测评系统的总体设计包括以下内容。

第一，操场区域，充分利用操场边缘角落进行智能化改造，拓展操场应用空间，重点部署10人跳绳1组、50米短跑1组、阳光跑1组的场地，可用于日常体育课教学、体育比赛以及课后学生自由锻炼。

第二，针对学校区域面积受限的问题，设计在教学楼一层架空层部署2套AI运动小站，同时提供4套智慧体育课程，用于日常体育教学安全监测、课后PK活动开展等。

四、华师附小智慧体育特色应用

智慧体育教学与测评系统建设覆盖校园全场景、全人群。通过校园体育大数据平台、AI智慧操场、AI运动小站、AI运动测试仪、AI运动小程序覆盖体育课堂教学、课后一小时常态运动、体育公开课、运动会、体测、考试和居家运动场景等。

（一）创新育人方式

1. AI助力智德体美劳全面发展

AI讲解，以体促智：系统内含教学资源，通过视觉与听觉更高效地传递体育知识和技能，辅助教师应用讲解示范方法，打造沉浸式智慧体育课堂。包含：运动技能讲解（如田径跑、跳、投讲解视频，常见体能训练方法讲解视频等）、体能训练资源（力量、耐力、素质、柔韧、灵敏、协调）、教师个性化资源（教师可上传校本资源或其他网络资源）。

以赛促体，以体育德：系统智能判定运动违规、自动生成运动成绩，减轻了体育比赛的组织负担，打破了体育专业壁垒，实现了学生自赛，以赛促体发展体育精神、品德。

以练强体，以体为本：构建智能化运动空间，通过智能交互，满足学生课内、课外的勤练需求，促进运动习惯养成。包含：智慧操场（算法支持人脸识别，智能语音交互，随到随测；课堂分组分层教学，省时提效；课外学生自主练习，有记录、有反馈）、阳光长跑（算法支持同一画面，

30人实时识别；课堂热身跑、训练，课后学生自主运动、训练）。

2. AI构建家校社融合桥梁

智慧纽带，联合家校社：AI趣运动链接校园智慧运动空间，实现校内外运动数据互通，助力亲子运动、居家运动等家校协同工程，可实施，易实施，好实施。

校园智慧运动空间：帮助教师进行体育教学，组织训练和体育活动；帮助学生进行体育学习、课内外运动，以及体育活动的组织与参与。

AI运动小程序：帮助教师布置任务、查看作业完成报告，并进行运动参与；帮助学生与家长查看课堂记录、体质情况，并进行作业打卡、运动参与。

（二）特色分类项目

课前基于数字画像，支撑分类实施：系统智能采集并分析学生的运动素质，形成个人与群体的数字画像，支撑教师高效遴选学生的不同素质特征，实施分层分类教学。

课中构建科学的新型体育课：打造新教学模式，通过快测、精讲、PK，帮助学生快速掌握运动技能。

课间、课后自主训练：营造运动氛围，激发学生竞赛意识，促进学生形成"健康第一责任人"意识。立足于课间与课后运动场景，充分利用学校空间，如架空层、操场周边空地等，满足学生自主化运动、趣味化运动的需求，降低课后运动组织负担，促进校园体育文化建设。

1. 特色跳绳训练

跳绳练习/比赛：适配新课标"勤练、常赛"的要求，支持多模式跳绳练习、跳绳比赛，支持指定时间段跳绳计数和指定数量跳绳计时功能，便于制订阶段训练方法。包含：全班练习、分组PK模式（混合PK、男女PK、男生PK、女生PK）灵活设置。

跳绳排行榜：采用智能跳绳的智能计数功能，批量、智能化地采集学生的跳绳成绩，避免人工计数费时费力，同时确保比赛的公平公正。

2. 特色短跑教学

短跑训练，个人分析报告：生成个性化指标（分段用时：分别记录起点、加速点、途中和终点用时；区间用时：起点到终点的用时，反映学生位移速度；总用时：起点反应用时＋区间用时，综合反映学生短跑成绩；速度指标：区间速度和平均速度，反映学生短跑速度）。精准识别短跑薄弱环节：包含起跑反应能力、速度保持能力、加速度能力、冲刺能力等。

短跑训练，班级统计报告：生成可视化报告，科学分析班级短跑整体水平，包含量化指标（班级平均成绩、男生平均成绩和女生平均成绩）、分段成绩（班级平均起点用时、加速点用时、途中用时和终点用时）、图形化分析（班级整体优秀率、良好率、及格率和不及格率）、成绩排行（各阶段最优成绩排行、各阶段最差成绩排行）。

第二节　华师附小智慧体育建设内容

一、AI 体育教学与测评系统

（一）资源中心

系统资源含新课标规定的 5 项课程内容，包括基本运动技能、体能、健康教育、专项运动技能、跨学科主题学习。后台根据资源匹配的年级进行分类，用户可自动获取文本、音频、视频、课件、图片等资源文件。系统支持用户上传私有资源。

（二）备课助手

课前，体育教师可以针对班级教学目标，结合学情分析报告进行课程备课。备课助手有"备学情"和"备资源"两个模块，包含班级选择、学期选择、备课本管理、课表关联、资源添加与删除、AI 学情分析、学情报告查看功能。

班级选择：展示教师负责授课的班级的备课情况，默认显示学校年级的班级排序中的第一个班级。可以下拉切换，以创建、查看不同班级的备课内容，并显示班级人数、男生人数、女生人数。

备课本管理：包含备课本创建、查看和删除功能。在课前任意时刻，允许教师将已创建的备课本和未来某一课时进行关联。

资源添加与删除：允许教师从资源中心添加资源至备课本或从备课本中删除已添加资源。

AI学情分析：教师备课时，系统根据班级学生教学数据、测评数据和历史学情数据自动生成班级学情报告，并生成对应的教学建议，教师可以根据需要进行学情查看和建议采纳。

（三）教学助手

上课时，体育教师通过点击系统首页"今日课程"中的"去上课"按钮，即可开启授课。教学助手包含"课堂考勤"和"示范讲解"两个主要模块。

课堂考勤：辅助体育教师进行课堂考勤，未点击进入课堂考勤模块时，系统显示"未考勤"状态。考勤界面显示全班学生姓名，默认全部出勤，出勤状态包括出勤、迟到、早退、请假、缺勤五种状态，教师可以切换学生的出勤状态。完成考勤后系统显示"已考勤"状态，显示出勤率以及五种状态的学生人数。在上课过程中，教师可进行课堂考勤，变更学生出勤状态。

示范讲解：示范讲解的核心用途是通过播放各种教学资源，辅助教师进行有针对性的讲解和教学，对于已建设户外大屏幕的学校，可投屏播放。

（四）任务管理

1. 课前指导

在每节课前，体育教师可以根据班级学生教学、测评数据，生成班级学情报告，以查看对应班级的课前指导，助力教师进行备课，包括总体分析、异常分析、学生分析三部分。

总体分析：统计本学期该班级所测的AI项目的平均分数，并根据结果给出点评、建议。

异常分析：切换不同的项目，查看对应项目的违规情况和指标异常情况，并给出对应的点评。

学生分析：查看对应项目下，班级成绩排名最低的 6 名学生以及排名最高的 6 名学生的姓名，并给出对应的教学建议。

2. 课中教学

系统从后台置入学校课表，呈现体育教师的课表信息。教师从桌面中选择今日要上的课，或者从课程表中选择课程，开启课程进入课堂主界面。课堂主界面包括基本信息、课堂考勤、课堂教学、模拟测评四部分。

3. AI 教学

AI 教学的核心目标在于对学生的动作进行切片的过程化分析，系统自动给出学生动作的标准程度和需要提升的特点，助力体育教师精准教学。教师选择本节课教学项目，选择测评位，进入课堂教学中。部分界面如图 6-1、图 6-2 所示。

学生列表：在学生列表页，名单支持按默认排序、按成绩从高到低排序、按成绩从低到高排序，以满足教师不同的选择需求。

测评直播界面：在测评过程中，界面实时显示学生运动过程的直播画面。同时，右侧显示该测评项目的动作解析，包括整体动作要领以及不同阶段的动作分解，帮助教师更精准地指导学生运动过程，纠正错误动作。

测评报告：学生测评结束直接生成测试成绩，进入报告界面。报告显示本组学生本次测评的成绩、分数、等级、违规情况、测评指标、关键帧和对应的点评建议。切换关键帧，可查看对应测评指标的详情，并根据指标分析给出对应的点评和建议。

教学报告：课堂教学结束，可以查看班级教学分析和个人测评报告，班级教学分析统计本次教学中参与测评的学生人数、平均成绩、平均分数、等级分布以及违规情况和指标异常情况。

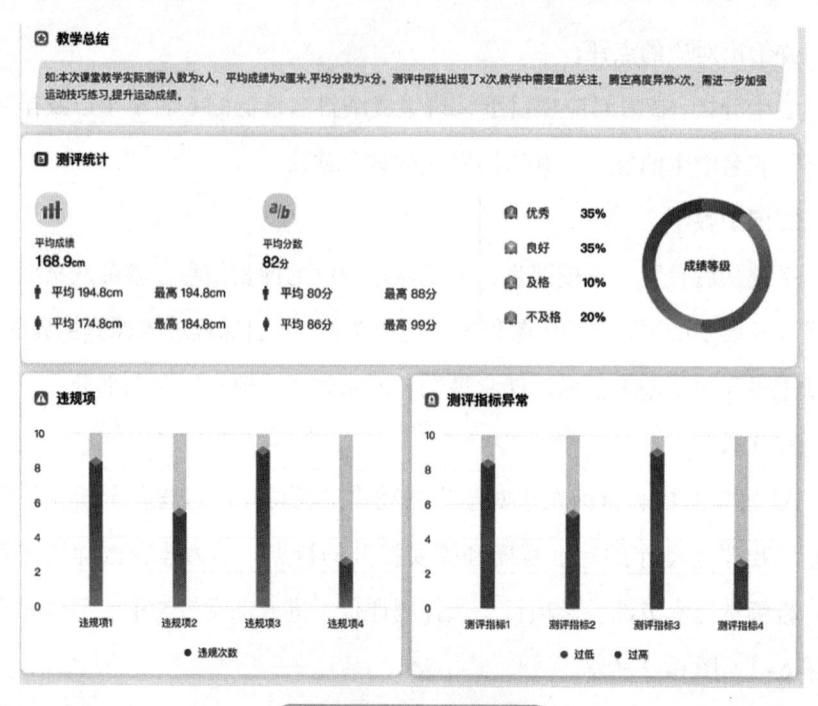

图 6-1 班级教学分析界面

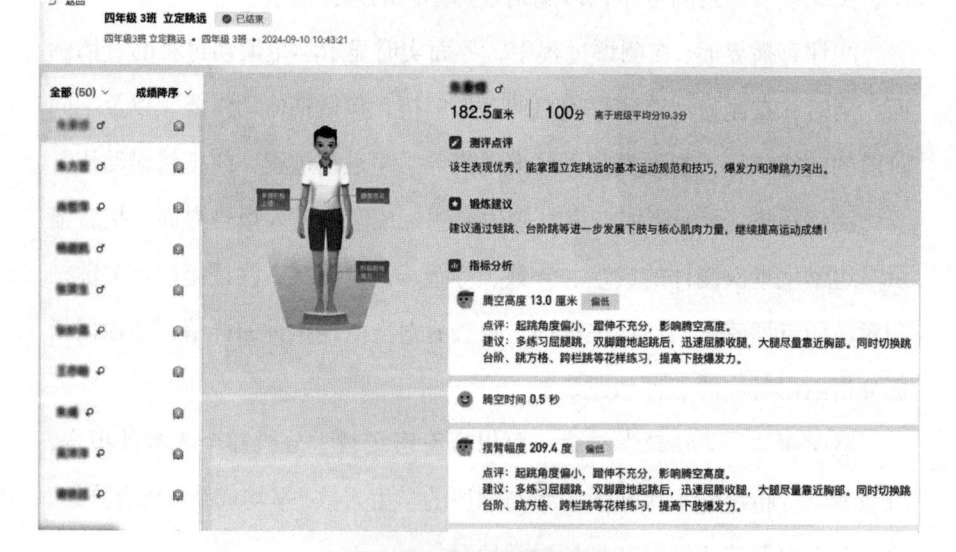

图 6-2 个人测评报告界面

4. 模拟测评

模拟测评的核心目标在于通过快速检验获取学生测试成绩、检验课堂教学成果、定期开展班级测试、支持 AI 项目和学校自建的非 AI 项目。课堂教学完成后，教师可以快速进入模拟测评模块中，也可通过课堂主界面模拟测评的创建测评任务入口进入。

AI 项目测评：按学生名单顺序进行测评，支持跳过等过程。若本节课学生未测完，可暂停测评，后续可继续测评。若已经完成测评，则测评结束，生成班级测评分析和个人测评报告。

非 AI 项目测评包括不限时、限时、计时三种类型。

不限时项目：选中学生卡片，教师在输入框中输入成绩，即录入完成。

限时项目：提供倒计时功能，倒计时时间由学校的系统管理员在创建测评项目时确定。教师选中学生的姓名卡片，输入对应成绩，即录入完成。

计时项目：提供秒表计时功能，可支持计次，每次测试多名学生，每到一名学生点击一次，生成一个成绩记录。教师通过拖动成绩卡片与学生姓名进行成绩匹配。

5. 课后练习

课程结束生成针对本节课的课堂报告，通过查看详情查看每个模块的详情页。此外，学生可在课后通过人脸识别进行自由练习，学校可设置自由练习的定时开关，练习的数据也会同步记录到数据中心。

6. AI 测评项目支持

AI 智能化视频分析体育测试项目，实时分析运动数据及自动化成绩输出，同一系统支持多个运动视频项目分析。

50 米跑项目：在测试过程中，可检测踩线、抢跑等违规动作，并实时语音播报提醒；识别测试者的起跑反应时间、平均速度等运动指标，并根据指标结果给出对应的测试建议；捕捉运动过程中的关键帧，包括准备、起跑、冲刺三个关键帧。测试结束后，系统自动播报测试成绩，可以查看关键帧的动作和回放测评视频。可同时支持8人测试，每跑道1人。

阳光跑：通过阳光跑系统，在操场部署多机位摄像头及户外大屏幕，系统通过人脸识别绑定学生身份，无时间限制、无须佩戴任何设备，即到即用，自由运动，智能记录学生跑步距离，营造良好的校园运动氛围。

户外大屏幕可实时展示学生运动里程数据和排行，可以展示本月、本周、本日排行榜，形成竞争的运动氛围。系统支持设置配速和每日跑步里程上限。通过设置配速，对不符合配速规则的跑步里程进行剔除；通过设置每日跑步里程上限，当跑步里程累计超过上限时，有效的里程不再进行累计。进而优先实现防作弊，并进行运动保护。

跳绳项目：1个摄像头可以支持10人同时跳绳。在测试过程中，系统可检测到跳出测试圈等违规动作，并自动播报违规提醒。系统可分析平均速度等运动指标，捕捉运动过程中的关键帧，包括准备、腾空、落地三个关键帧。测试完毕，系统自动播报1分钟有效跳绳成绩，并在系统界面显示测试成绩，查看关键帧的动作和回放测评视频。户外大屏幕可实时展示每个点位学生的就位状态、成绩信息。

立定跳远：系统可以智能检测踩线、单脚起跳等违规动作，同时对于无关人员的干扰也会进行检测，保障检测的精准性。在运动过程中，系统可进行起跳角度、摆臂幅度、腾空高度、腾空时间、运动轨迹等运动指标和姿态检测，并根据指标结果进行点评，给出测试建议。测试完毕，系统自动播报成绩。系统可以捕捉运动过程中准备、起跳、腾空、落地四个关键帧，教师可回看完整的测评视频。

7. 课余自由锻炼模式

一键便捷开启：支持通过智能评测与教学系统，教师或管理者在课余时间一键开启自由锻炼模式，支持同时开启多个项目的自由模式，方便师生自主、自由、自助使用，随时学、随时练、随时测。

身份识别：学生到具体项目的智能测评区域，通过摄像头观测进行手势识别、人脸识别确认身份，全程无须教师介入，即可自主实现无器械干扰的常态化锻炼。摄像头采集的视频画面实时传输到学校数据中心，算法服务器在对体育成绩自动测量、违规动作提示、实时播报成绩的同时，也对学生体育运动姿态、运动过程等关键指标进行实时分析和反馈，并记录到学生个体运动数据中。

（五）数据中心

数据中心包括校级报告、班级报告、个人报告、自由练习报告和校级智慧体育驾驶舱。支持通过 PC 端智慧体育教学与测评系统管理平台或移动端的主流浏览器随时查看测试数据。

1. 校级报告

系统统计学校授权的 AI 项目教学、测评的历史数据，形成可视化数据分析报告，帮助学校管理者直观掌握学校体育教学情况，包括基本信息、测评次数、测评成绩、年级对比、明星班级/明星教师等信息。

基本信息：显示学校名称、地理位置、本校体育教师数、在校学生数、授权/自建项目数、对应学期的总测评任务数以及测评人次。

项目测评统计：统计本学期已完成的测评任务、测评人次，并根据测评结果给出相应的点评建议。

项目成绩分析：统计每个项目对应学期已完成测评的平均分数、等级分布情况，包括总分平均分和男生、女生分别的平均分。

年级成绩：通过切换查看不同项目的年级成绩对比，包括对应的总分平均分、男生平均分、女生平均分，帮助学校了解不同年级学生的成绩差异，从而做出相应的教学调整。

明星班级/明星教师：明星班级显示每个项目下平均成绩前6名的班级，并对优秀班级进行表彰。明星教师显示每个项目测评次数前6名的教师姓名，鼓励教师多应用智能化的设备进行教学和测评。

2.班级报告

系统统计全校每个班级教学、测评的历史数据，形成可视化的数据分析报告，助力教师及时掌握班级学情，从而有针对性地调整教学策略，包括基本信息、项目测评统计、项目成绩分析、违规率/指标异常率、运动之星/重点关注等。部分界面如图6-3、图6-4、图6-5所示。

基本信息：显示班级名称、任课教师、学生总数、男生/女生人数、班级总测评任务数和测评人次。

项目测评统计：统计班级所选学期已完成的测评任务、测评人次，并根据测评结果给出相应的点评建议。

项目成绩分析：统计班级每个项目对应学期已完成测评的平均分数、等级分布情况，包括总的平均分和男生、女生分别的平均分。

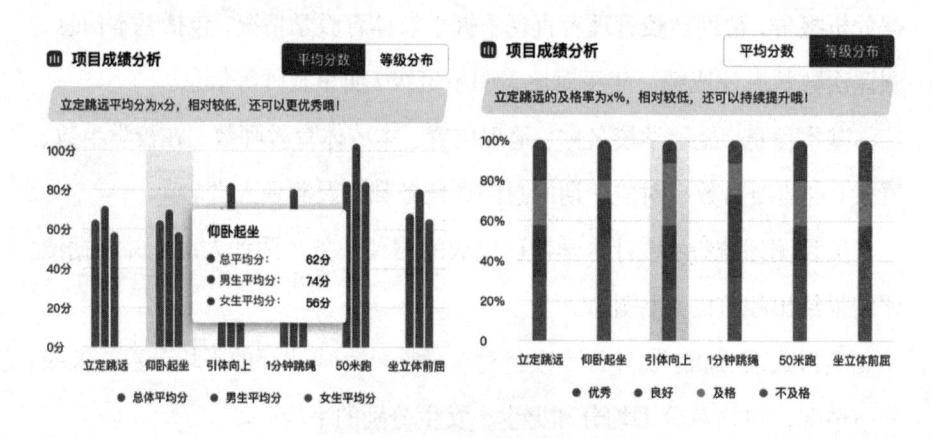

图6-3 平均分数、等级分布界面

成绩趋势：通过切换查看不同项目的成绩趋势，包括班级总平均成绩、男生平均成绩、女生平均成绩，以帮助教师了解经过教学，本学期的班级成绩变化情况，评估教学成果。

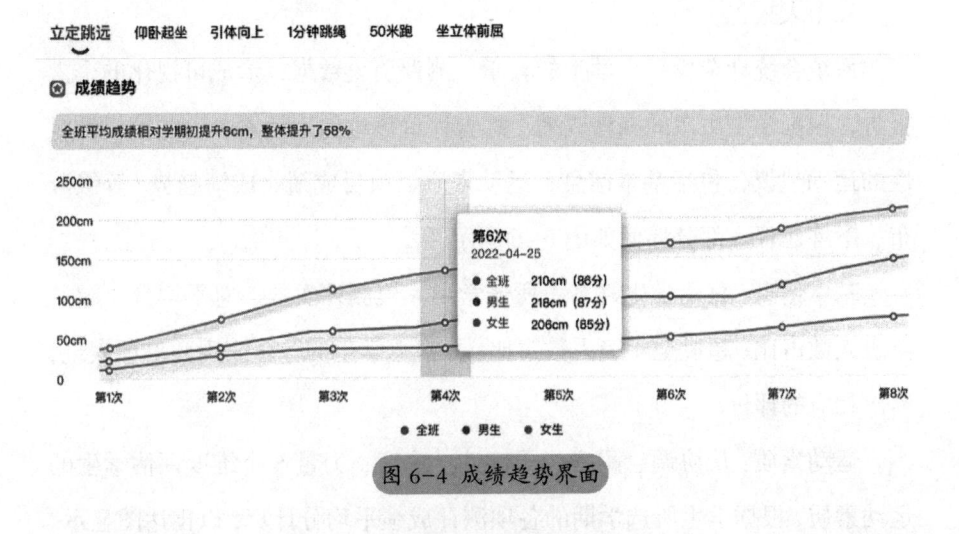

图 6-4 成绩趋势界面

违规率/指标异常率：违规率统计所选学期历次测评的各违规项占比变化情况，指标异常率统计所选学期历次测评的各指标异常项占比。通过折线图直观了解通过教学，违规率、指标异常率是否趋向于减少，同时支持查看累计违规项、异常指标排名，从而进行针对性教学。

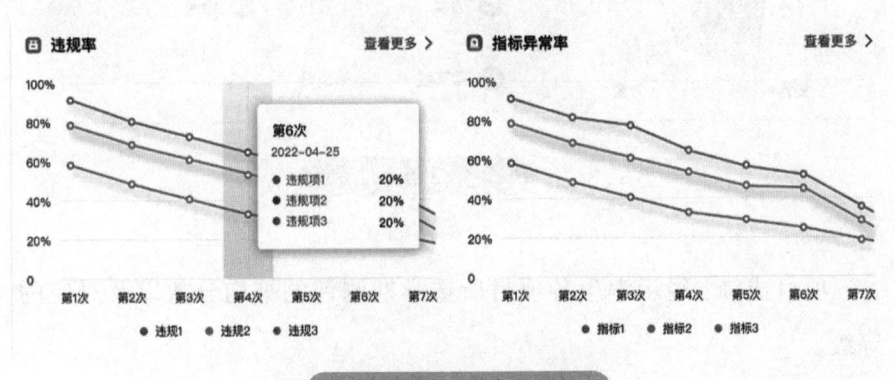

图 6-5 违规、异常分析界面

运动之星/重点关注：运动之星显示每个项目下所选学期男生、女生平均成绩前 3 名的学生，重点关注显示每个项目下所选学期男生、女生平均成绩最后 3 名的学生。

3. 个人报告

系统会统计全校每个学生的教学、测评历史数据，形成可视化的个人报告，根据学生历次的测评成绩，综合评价该生的运动素养，并给出针对性的运动建议，包括基本信息、运动素质、项目成绩、成绩趋势/等级分布、锻炼建议。部分界面如图 6-6 所示。

基本信息：显示学生姓名、所选学期完成测评次数、总平均分、超过全班人数占比、超过全年级人数占比，并根据学生的综合表现和单项表现，给出相应的评价。

运动素质：从协调、耐力、柔韧性、速度、力量 5 个维度评估学生的运动素质，根据学生所选学期的各项测评成绩平均分计算，以雷达图显示。

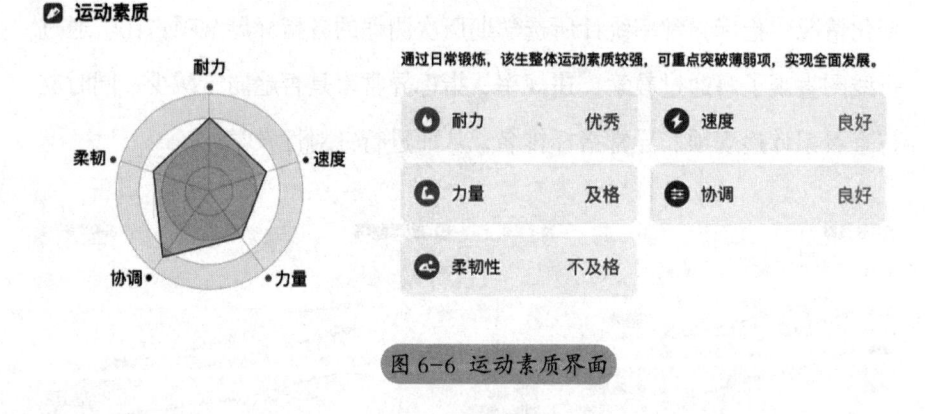

图 6-6 运动素质界面

项目成绩：展示学生各项目所选学期测评的平均分数以及对应的等级。

成绩趋势/等级分布：成绩趋势记录学生所选学期每个项目历次成绩

的变化趋势。等级分布展示学生在历次测评中优秀、良好、及格、不及格的占比情况。

锻炼建议：根据学生的运动素质和各项目评估结果给出运动处方，包括运动方式、运动时长、运动频率三个部分，以帮助教师对学生进行针对性指导，同时报告也会通过小程序同步到家长端，助力学生居家锻炼。

4. 自由练习报告

系统统计学生在课后自由练习的情况，形成可视化的报告，包括每个项目的练习次数、平均成绩、日练习次数、班级练习排名和自由练习之星。

5. 校级智慧体育驾驶舱

系统基于日常过程性数据采集，提供校级体育数据驾驶舱，围绕智慧体育教育场景进行融合分析，对近一周、近一月、本学期进行多维度的数据统计分析，实现多维度可视化展示，助力学校管理者实时掌握智慧体育课堂开课情况、学生参与情况、测试总人数、体育成绩分析、各运动项目优秀率/良好率/及格率/待提升、课堂教学分析、学校运动安全指数、明星班级、明星老师、明星学生等数据，对学校体育工作成效进行实时查看了解，激励学校师生加强体育教学和体育锻炼。

（六）家校体育

此产品为移动端 AI 运动小程序，体育教师可以通过此产品布置体育作业，学生可以通过此产品完成体育作业。同时，学生在体育课上的测评报告和课堂报告会及时同步至小程序。教师和家长通过此产品开展家校共育，协同促进孩子培养良好的运动习惯，促进孩子的健康发展。

1. 智能运动

系统支持通过摄像头分析跳绳、开合跳、深蹲、高抬腿等多项运动。学生在首页点击某一运动项目的按钮，即可开启运动功能。运动项目可分为计时模式、计数模式、自由模式。在计时模式中，学生可以设定自己的运动时间目标；在计数模式中，学生可以设定将要完成的跳绳个数；在自由模式中，学生可以无时间、个数限制自由练习。点击"开始"后即可开始运动。完成运动后，学生可以将成绩分享给微信好友或者微信群。部分界面如图 6-7 所示。

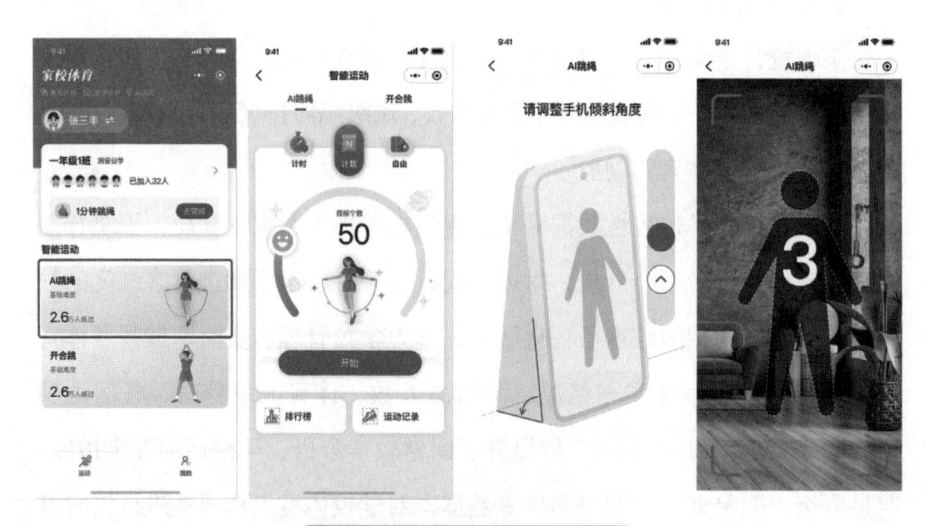

图 6-7 家校体育的部分运动界面

2. 体育作业

体育教师可以通过小程序布置体育作业，选择作业班级、作业项目和作业完成时间，作业类型含计时跳绳、计数跳绳、计时开合跳、计数开合跳等。教师点击"发布"按钮，学生即可在学生端收到相应的作业，教师也可将此作业分享给微信好友或微信群，与家长同步。学生点击"完成"按钮，系统会直接开启设定的任务流程。学生按照要求完成运动后，既可上交作业，也可在班级作业页面中查看已完成的学生列表。部分界面如图 6-8 所示。

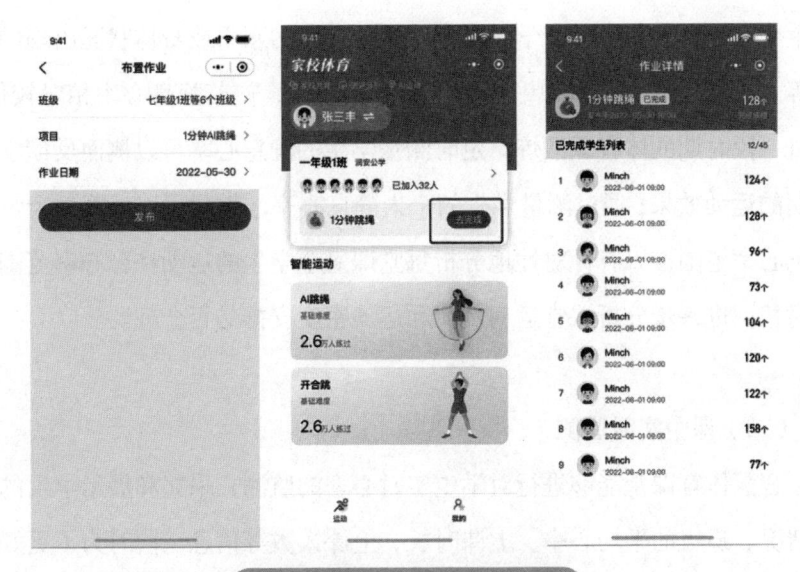

图 6-8 家校体育的部分作业界面

3. 报告同步

学生在体育课上的课堂报告、教学测评数据，可以同步至小程序中。学生报告中呈现测评成绩、关键帧分析、测评指标、锻炼建议、成绩记录。学生可以将此报告分享给微信好友或微信群。

二、基站互动反馈系统

（一）课前智能管理

自动识别微型感知基站：体育教师携带平板电脑和设备（微型感知基站和配套臂带），微型感知基站即插即用，系统会自动识别。

臂带自动识别：教师选择上课班级后，系统会自动匹配臂带信息和学生信息，学生根据匹配的臂带编号自助领取臂带。

静息心率测量：系统的静息心率测量功能可以帮助体育教师通过测量

学生个人静息心率，分析学生的健康水平、压力水平或身体状况出现的变化等。长期运动可以有效锻炼学生的心肌功能，使其静息心率相对较低。通过一段时期的体育课锻炼，定时测量学生的静息心率可以侧面反馈学生近期的运动效果；通过测量学生的个人静息心率，教师可以计算每个学生的靶心率范围，以有针对性地分析每堂课每个学生的运动在靶心率范围内的时长，进一步分析课堂运动负荷和运动密度安排是否合理。

（二）课中实时监测

智慧体育课堂能够进行对学生实时心率的监测，采集和展示学生的运动情况、班级的平均心率、上课时长、上课人数等信息。同时为了更好地展示运动状态，系统支持大屏幕投放，方便体育教师上课期间实时查看学生的心率，根据心率实时调整课堂内容，避免意外发生。

实时心率监测：系统实时显示每个学生的基本信息，如学生姓名、学生佩戴臂带编号、学生实时量化参数（学生实时心率值、学生运动心率百分比、本节课运动步数）。体育教师可以实时了解学生的运动负荷，实时调整课堂练习强度，评估课堂内容是否达到了有效运动的效果。

实时心率预警：实时心率预警可以协助体育教师加强课堂安全，让体育教师上课无负担、无后顾之忧；辅助体育教师进行个性化教学，根据身体素质强弱对学生进行针对性训练。

实时心率大屏投放：系统支持将实时监测数据投放到室外操场、室内体育场、会议室、校长办公室等的显示设备上，以加强学生、教师、学校管理层之间的互动，最大化利用实时数据。

（三）课后智能分析

根据实际上课情况，体育教师可以灵活选择提前手动结束课程或系统根据已设置的上课时长自动结束课程。课程结束后，系统自动统计本节课上课情况，如上课人数、平均心率、最高心率、运动密度、运动负荷等，实现课堂的运动情况量化。系统给体育教师和学生提供的课后实时反馈，有助于教师对学生的课堂表现进行评判，也能直观地展示体育课的教学效果。

（四）成绩录入

系统涵盖最新版《国家学生体质健康测试标准（2014年修订版）》的全部K12测试项目，支持全部项目成绩录入，并根据《国家学生体质健康标准（2014年修订版）》建立数据模型，自动计算体测分数。学生体质健康测试成绩的电子化录入，实现了无纸化办公，提高了体测效率。

智能化录入：教师可以通过平板电脑直接录入体质健康测试成绩，成绩保存后自动上传服务器。国家学生体质健康测试成绩的智能化、移动化录入，实现了成绩的信息化管理，降低了教师负担，提高了教学效率。

智能计数：系统内置秒表功能，以替代传统秒表，解放了体育教师的双手，可以批量记录测试成绩、自动匹配学生。系统内置倒计时功能，方便体育教师对学生运动进行测试，提高了上课效率。例如，系统自动采集跳绳数据，支持多个学生同时进行跳绳测试，避免了人工计数和记录时间带来的误差，适用于学生日常跳绳训练和跳绳测试，并可支持多人跳绳场景。

智能计数模块主要功能包括智能计数、倒计时语音播报、自动计算跳绳成绩等。

（五）课堂记录

课堂记录支持教师按照上课时间和班级查询课堂记录，查看班级整体的课堂表现和学生个人的课堂表现，以解决传统教学中体育教师从个人教学经验和对学生运动状态的观察来判断学生的运动负荷，无法实时了解学生的运动情况以及对学生运动状态的判断存在偏差等问题。教师可随时查看学生的课堂表现和班级的整体表现，这帮助教师更好地优化日后的课堂结构和内容，让每名学生都能达到最佳运动负荷，提高学生的体育运动效果。体育课堂报告部分界面如图6-9所示。

1. 班级统计、分析

系统支持按班级统计，包括平均心率、平均卡路里消耗、平均步数、平均距离、训练时长、运动密度、运动负荷等信息，从不同维度量化上课内容。

系统可对数据进行智能横向分析，包括极限心率警示、有效运动时间、待提升的运动项目等，以帮助体育教师判断教学内容设置是否合理，为优化教学方案提供数据支撑。

2. 班级总体情况

靶心率运动时间：统计班级的平均靶心率运动时间，评估本堂课学生达到有效、安全的运动时间，衡量整体课堂效果。

班级平均心率：统计班级的平均心率，衡量本节体育课是否达到了课标要求的运动强度，侧面反馈课程内容设计是否合理。

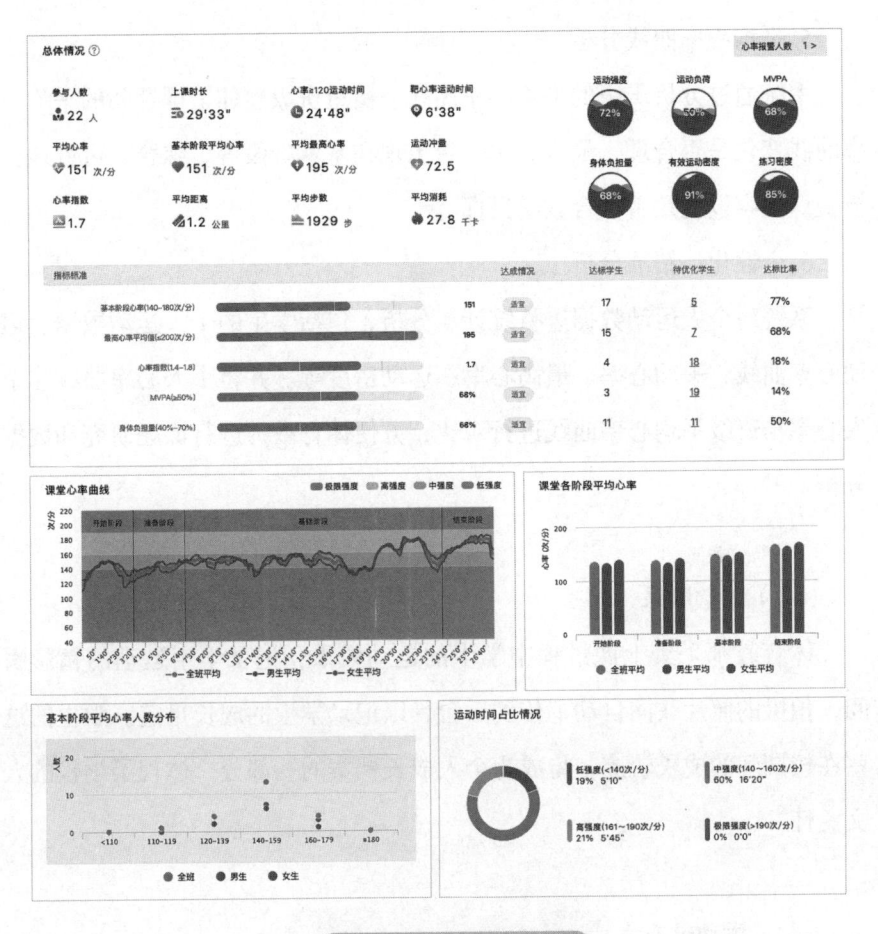

图 6-9 体育课堂报告界面

3. 运动负荷分析

系统显示在课堂各阶段的班级平均心率、男生平均心率和女生平均心率的分布情况，按照课堂内容设计，分析整堂课各阶段的学生整体运动负荷强度。

4. 运动密度分析

系统分析整堂体育课的极限心率警示、有效运动时间、待提升的运动项目，分析整堂课的运动密度是否合理。

5. 平均心率曲线分析

系统通过分析班级的平均心率曲线，衡量班级整体上课期间的平均心率曲线变化是否合理，最高心率是否出现在基本阶段等，综合、可视地分析上课内容设置是否符合教学目标。

6. 个性化、精准分析

系统对个人运动数据进行统计、分析，包括学生的个人运动数据、运动心率曲线、平均心率、最高心率、运动密度等。并将个人心率曲线、个人心率与班级平均心率曲线进行对比，方便体育教师进行课题研究和数据分析。

（六）课堂风采

体育教师采集上课过程中学生的运动风采，记录学生运动的精彩瞬间，拍摄的照片联网自动上传到后台，以记录学生的成长足迹。学生的这些在校期间的成长轨迹，将成为个人成长档案的一部分，体现了学校的人文关怀。

（七）运动处方

学生体质健康测试成绩被录入后，系统根据学生的体质健康测试数据自动生成学生体质健康报告，里面记录了每个学生的个性化体质健康视图、多维度综合素质评价，以帮助教师全面了解学生的体质健康情况。学生体质健康报告界面如图6-10所示。

图 6-10 学生体质健康报告界面

系统根据学生的体质健康报告，评定学生的五大身体素质水平，并自动推送个性化运动处方，辅助体育教师给学生提供个性化的锻炼指导，提升学生的体质健康水平。学生运动处方包括八大运动处方、体育动作视频库等，为学生提供系列化的运动锻炼指导。

八大运动处方包括：① 提高灵敏素质运动处方；② 提高速度素质运动处方；③ 提高力量素质运动处方；④ 提高柔韧素质运动处方；⑤ 提高耐力素质运动处方；⑥ 提高综合素质运动处方；⑦ 减脂处方；⑧ 提高视力方案和饮食处方。

（八）课堂考勤

系统的课堂考勤功能帮助体育教师在课前进行快速考勤，方便体育教师课后查看或修改考勤记录、出勤率等，系统根据学生佩戴的心率监控设备自动进行考勤，同时有支持教师手动的一键考勤功能，考勤记录自动上传云平台，实现体育教学的智能化考勤管理。

体育教师可以在系统内快速查看班级的整体考勤情况，如出勤率、考勤异常人数等，同时系统支持教师查看学生个人本学期的出勤情况，包括出勤、早退、迟到、请假和未出勤等信息。

（九）体育监测设备

系统利用可穿戴设备采集学生的心率数据，利用 AI 运动视觉技术采集学生的运动数据，为整个体系提供了数据支撑。体育检测设备包括心率监控设备、微型感知基站、教学专用工具箱以及多口充电器（一次可供 60 个臂带同时充电）等。

三、AI 运动小站测评系统

（一）操作管理

系统检测到有学生处于就位区时，自动触发人脸识别功能进行无感知人脸识别登录，识别成功后显示学生姓名、班级和头像信息。

（二）课堂快速测评

AI 运动小站（简称"小站"）操控：教师通过网页端扫码或选定具体小站进行控制，对应小站自动锁定，规定时间内未触发测评则自动释放。AI 运动小站部分界面如图 6-11 所示。

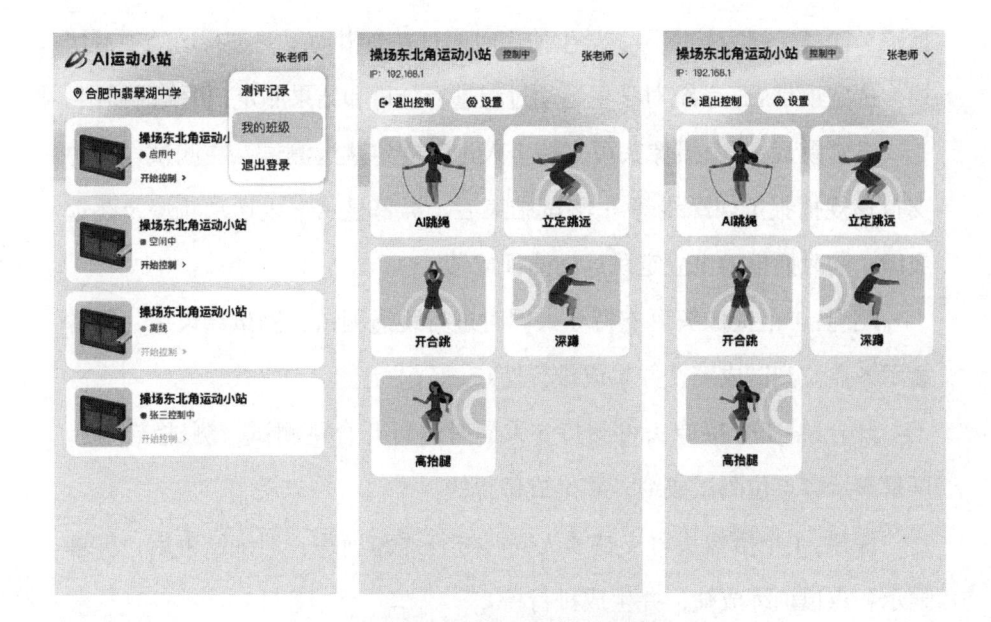

图 6-11 AI 运动小站部分界面

快速测评：教师控制小站后，通过测评功能选定具体测评项目，发起快速测评。

学生信息维护：管理员对所选择班级的学生信息进行维护，包括性别维护和头像采集等。

小站管理：管理员对小站的运行进行管理，包括设置运动周期、时间段和可开启运动项目等。

（三）课后自由运动

结合中小学体育课教学内容、国家体测、体育中考需求以及系统的实际应用场景，系统重点支持利用 AI 智能化分析体育测试项目，实时分析运动数据及自动化输出成绩，针对性地提升学生的体育运动能力与运动成绩。系统支持多种运动视频项目分析，包括跳绳、立定跳远、开合跳、高抬腿、深蹲、视力检测等。学生使用时通过左右滑动手臂进行运动项目切换。选定项目后，系统对学生运动过程进行分析和结果测定，并实时播报。

立定跳远：1个摄像头可支持1人进行立定跳远测试，在测试过程中支持违规播报（如踩线等）；测试结束后，屏幕显示学生运动轨迹及跳远成绩，同时播报学生立定跳远的测评成绩。

跳绳：1个摄像头可支持5人同时进行跳绳测试，测试结束后，屏幕显示各点位测试成绩，并生成排行榜。

开合跳：1个摄像头可支持5人同时进行开合跳测试，测试结束后，屏幕显示各点位测试成绩，并生成排行榜。

深蹲：1个摄像头可支持5人同时进行深蹲训练，训练结束后，屏幕显示各点位训练成绩，并生成排行榜。

高抬腿：1个摄像头可支持5人同时进行高抬腿训练，训练结束后，屏幕显示各点位训练成绩，并生成排行榜。

视力检测：1个摄像头可支持1人进行视力检测，检测结束后，屏幕显示学生视力测评结果。

（四）数据管理

数据同步：每组测评结束后，数据自动同步至校级数据平台。

班级报告查看：教师通过网页端查看历次快速测评记录，并可进入详情页查看个人的详细报告。

个人报告查看：学生可以通过网页端查看个人历次测评记录和详细报告。

第三节　基于教育数字化的小学体育教学评价

当前学校体育评价改革的关键在于突破传统评价模式的限制，以学生的全面发展为评价的核心目标。融合教育数字化和人工智能技术进行教学评价的改革对于提高体育教学效果至关重要。通过应用智慧体育设备，如可穿戴设备和智能应用程序，教师能够对学生的运动表现进行实时监控，并进行多维度的评价。有效的教学评价应当充分利用数字化工具来实现及时反馈、多角度评估、精准分析和持续跟踪，从而在体育领域促进学生的科学、全面、个性化和可持续发展，同时解决教师和家长之间对孩子学习过程信息了解不对称的问题。

习近平总书记在主持中央政治局第五次集体学习时指出："教育数字化是我国开辟教育发展新赛道和塑造教育发展新优势的重要突破口。"2022年3月，广东省教育厅发布了《广东省深化新时代学校体育评价改革方案（征求意见稿）》，提出了"创新评价工具，利用人工智能、大数据等现代信息技术，探索开展学生各年级体质情况全过程纵向评价、学校体育各要素的横向评价"。在教育数字化时代，充分利用好这一时代的优势促进学校体育学科评价改革尤为重要。

本节通过结合学校的"美好教育"理念，探讨了对"美好体育"的教学评价的研究及应用情况。这包括如何借助人工智能技术基于课前、课中、课后及校外开展对学生运动情况的有效监测，同时对运动能力、健康行为、体育品德三大体育核心素养进行综合性评价。

一、小学体育教学评价现状与教育数字化机遇

（一）目前体育教学评价面临的困难

随着近年来国家各项教育改革和教育评价改革政策文件的出台，小学体育教学评价也逐渐受到重视。当前体育教学评价普遍存在着"难量化、难记录、难监督、难分析"的问题，主要体现在以下三个方面：在教学场景中难以对学生运动与教师教学相关数据实时把控；学生的体育考试与测评耗时费力且难以全面客观分析；体育课外难以监督学生的学习效果及开展持续学习。

（二）教育数字化赋能小学体育教学

教育数字化对于小学体育教学的科学评价及方式变革来说是个重要机遇。从教学评价体系的改进来看，数字化技术使教育评价更加全面和客观，可以通过数据分析了解学生的学习进度和能力发展，为每个学生提供个性化的学习建议。基于学生学情、学科学情、年级学情，帮助教师更好地实施全员精准教学、分层教学、特色教学。从教学方式的变革来看，通过引入多媒体、网络资源、在线平台等数字化工具，使教学变得更加内容丰富和具有互动性，增强了学生学习体验，提升了学生的幸福感，还能帮助教师关注学生的个性化学习，真正做到因材施教。

二、"美好教育"与"美好体育"的内涵和原则

华师附小倡导"美好教育"，努力让每一个孩子的人生都因教育而美好。激发每一个生命的活力，充分尊重每一个生命是"美好教育"的文化内核，构建"三美"（美优、美满、美健）课程体系，巧妙布局体育运动

项目，形成以"田径＋篮球＋跳绳＋飞镖"为特色的学校体育文化，让不同特点的学生找到擅长的体育项目。

为了提高教学评价的科学性与准确性，依据广东省教育厅研究起草的《广东省深化新时代学校体育评价改革方案（征求意见稿）》，学校拟定了基于小学体育工作成效提升的《学校体育教学工作评估指标体系》，并在日常学校体育教学工作中落实执行，见表6-1。

表6-1 学校体育教学工作评估指标体系

一级指标	二级指标	三级指标	分值	等级与系数			
				A	B	C	D
				1	0.8	0.6	0
A 小学体育教学工作成效 100分	B1 体育认知与参与 12分	C1 学生体育素养高	6	很高	较高	一般	较低
		C2 学生体育练习参与度高，优良率高	6	完全达到要求	部分达到要求	/	没有达到要求
	B2 技能与体能 80分	C3 85%以上的学生掌握至少2项日常体育锻炼的体育技能	20	85%	70%	60%	<50%
		C4 95%以上的学生达到《国家学生体质健康标准》合格以上等级	30	95%	94%	92%	<92%
		C5《国家学生体质健康标准》优良率达到年度目标值	30	100%	80%	60%	<60%
	B3 家校社共育 8分	C6 学校与家庭进行有效沟通与合作，家庭参与度高	3	很高	较高	一般	较低
		C7 充分整合与利用好社区资源	2	完全达到要求	部分达到要求	/	没有达到要求
		C8 学生的社交与团队协作能力提升，学生具备体育活动中的自主性与责任感，对学生综合素质有促进作用	3	很高	较高	一般	较低

三、教育数字化支持下的小学体育教学评价有效性及应用实证

在新时代教育评价改革中，推进教育评价改革，需要更加重视多元、多维、全面、高级的学生素养评价。学校借助智慧体育教学与测评系统及设备实现高效反馈、多维评价、精准分析、跟踪研究，落实结果评价与增值评价相结合、综合评价与特色评价相结合、自我评价与外部评价相结合、线上评价与线下评价相结合，达到有效评价目标，帮助学生科学、全面、个性化、可持续地发展。

（一）高效反馈，科学发展

智慧体育设备通过对学生运动规范性、动作姿态和运动成绩等进行实时播报、诊断分析和科学指导，为全校师生的科学与自主的体育锻炼提供了硬件支撑。智慧操场不仅能在数据测定上大大解放学校人力，还能对症下药、科学精准地提升学生运动成绩。系统内含最新的物联网技术，将传统的体育器材与现代信息技术完美结合，将运动过程数字化、可视化、精准化、结构化，准确识别学生的个体差异，生成量身定制的"私教"。体育教师和"私教"配合上阵，学生也能通过数据直观地看到自己的进步，健康运动从操场延伸到生活的每一个角落。如图6–12所示。

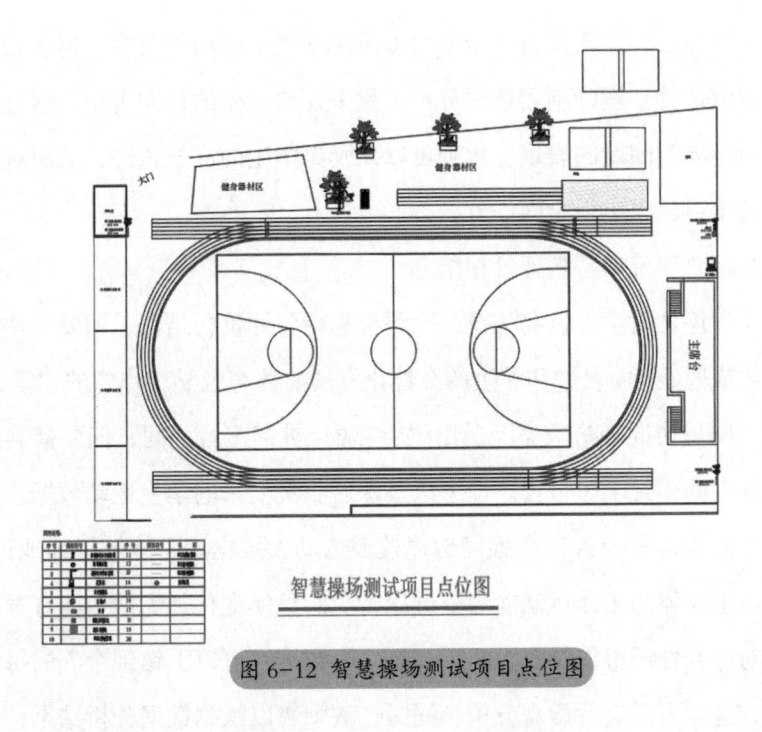

图 6-12 智慧操场测试项目点位图

（二）多维评价，全面发展

《义务教育体育与健康课程标准（2022 年版）》指出：体育与健康课程重视学习评价的激励和反馈功能，注重构建评价内容多维、评价方法多样、评价主体多元的评价体系。教育数字化把家校社真正地串联起来，实现教情、学情互通，让教育评价更加全面，更好地开展共同育人。学校借助 AI 体育教学与测评系统，并通过"转变教育评价观念"和"创新教育评价方式"，开展了小学体育教学的多维评价。系统部分界面如图 6-13 至图 6-15 所示。

1. 过程评价与增值评价相结合

借助数字化工具，教师可以更加精确地追踪学生的进步、参与度和技能发展，实现个性化教学和评价。首先，智慧体育设备记录学生在体育活动中的表现数据，这些数据有助于教师了解学生的体能水平和进步情况。

其次,通过心率监控设备,帮助教师监测学生的活动参与度。再次,为了实现增值评价,教师利用数据分析工具来评估学生的长期进步。通过比较学生在不同时间点的表现,教师可以识别出学生的成长轨迹,从而对学生的体育学习成果进行全面评价。

2. 综合评价和特色评价相结合

小学体育教学评价要注意综合评价和特色评价相结合,即要关注学生的整体成效、全面发展和学生的个性化发展。体育教学工作中的"学、练、赛"之间呈协同递进关系,"评"始终融合贯穿三者之间,四要素共同作用于学生的体育学习过程。课上以及课后收集上来的学生运动数据,按照校级、班级以及个人三个维度构建校园运动大数据库,能够持续地记录、分析学生个体与集体运动能力、健康行为的整体变化,为学生体育过程性评价与综合性评价提供有力抓手。每一个数据都可以下钻到个人的每一次运动,这样可以进行微观分析。同时,教师可以根据数据分析结果,更加全面地评价学生的体育学习效果,记录每一名学生的运动进步情况,对坚持运动、每日运动和表现突出的学生进行表扬。

3. 自我评价和外部评价相结合

在教育数字化背景下,小学体育教学评价可以更好地开展常态化的学生自我评价和家庭、社会的外部评价。除了学生自我评价,"美好体育"的"美好"还体现在充分发挥家校社联合的作用,借助系统家长端实现家长监督与评价作用,满足体育家校互动的需求,主要包括体育作业、课堂记录、体质健康报告、居家运动等。

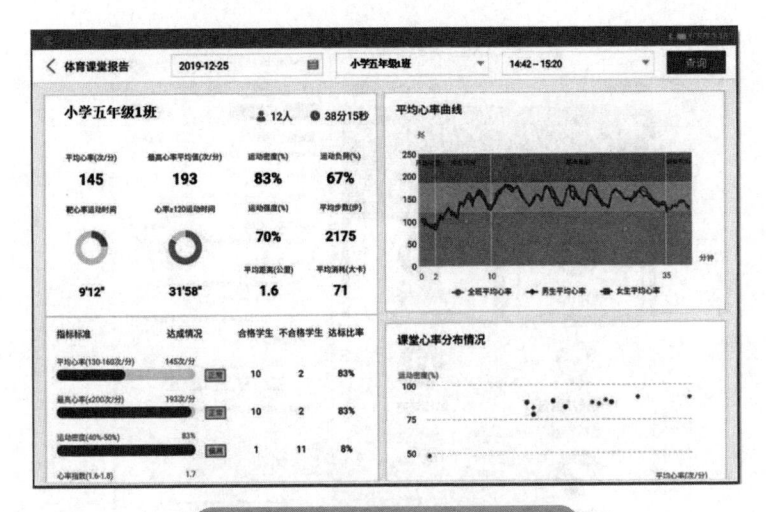

图 6-13 系统教师端的班级报告界面

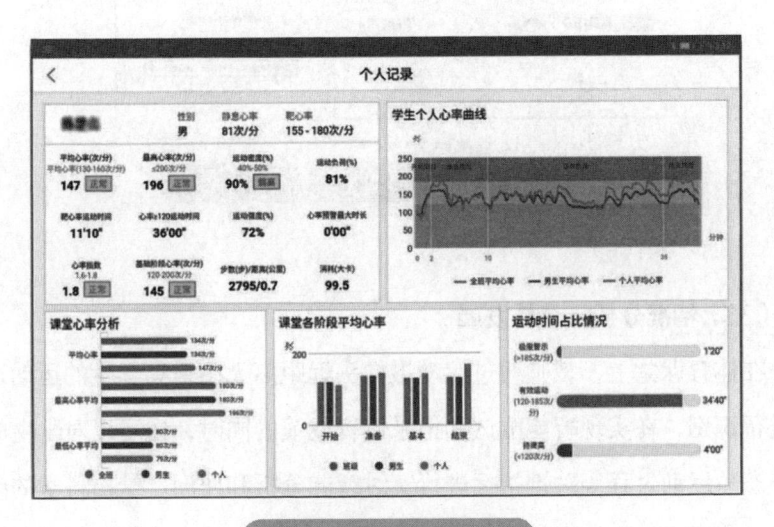

图 6-14 系统个人报告界面

图 6-15 系统家长端学生体育作业报告界面

（三）精准分析，个性发展

在体育课堂上，教师通过运动摄像头远距离无感采集学生的运动过程并进行识别，在实现智能测试和记录体育成绩的同时，还可以对学生的运动姿态、运动过程等关键指标进行实时智能分析和回溯，给出科学的改进建议，实现对学生体育教学的精准指导。如"立定跳远"项目，教师在课堂上教授动作要领，学生借助 AI 测评进行动作纠正，再进行反复练习。

智慧体育设备让学生真正地实现了"科学练""随时练"与"个性练"。在课后运动场景中，学校通过全场景运动空间智能化，提升了学生课后运动的兴趣，让每个孩子都可以爱上运动。AI 运动小站综合运用计算机视觉技术以及人体姿态识别、人脸识别、手势识别等技术，实现了体育运动的智能感知、智能监测。学生在课后一小时中可以按照自己感兴趣的项目"随时练"，练后借助个人运动报告进行针对性的加强。同时，借助智能运动环境，学校组织开展各类体育比赛，通过趣味 PK 和团体竞技的方式激发学生的运动兴趣，以解决课间活动质量提升、过程性数据采集的问题，更好地落实新课标对体育教学勤练、常赛的要求。另外，学校还采用人体运动能耗检测仪对学生的活动时间进行测量，以量化学生活动的剧烈程度，比如奔跑、跳跃、爬行等活动的力度，为学生个性化运动处方的制定提供数据支撑。

（四）跟踪研究，持续发展

教育数字化系统和平台支持下的"美好体育"，帮助学生形成小学六年的运动档案，不仅关注每个学生当时当地的美好发展与运动健康，还关注他们可持续的健康发展与综合发展。教师基于系统校级、班级、学生数据，按照学生一至六年级身体素质的动态发展，开展相应的体育教学、运动训练及布置家庭作业。

四、总结

利用智慧体育教学与测评系统，结合课内外全域运动场景，构建了华师附小的美好、智慧体育评价体系，并为此提供了一种学校体育教学整体评价与学生个体评价相关联的研究视角，通过学校整体评价的顶层设计与学生个体评价的实施，提升了学生的体育核心素养，使体育评价能够更好地起到督导与改进作用，同时发挥了激励和反馈功能。

第七章

如何使用 AI 赋能体育活动

第一节　智能跳绳教学设计

一、教学指导思想及教育理念

智能跳绳课程是根据《义务教育体育与健康课程标准（2022年版）》的精神，针对小学五年级学生的心理和生理特点，以培养学生观察、自主学习、合作学习的能力为核心，以短绳为媒介，以方法为桥梁，采用智能跳绳、心率监控设备、一体机、录像机等智慧体育设备进行教学的体育课程之一。使用AI赋能体育教学，能够提高课堂的效率、趣味性和科学性，激励学生主动参与，充分发挥学生的主体作用，使每个学生在认知上、情感上和态度上积极发展，并且增进他们与他人的交流与合作，培养学生的合作意识，使之终身受益。同时，构建民主和谐、宽松愉悦的课堂氛围，让学生从学会观察逐步走向独立学习、合作学习，从而发展学生的个性，使学生在德、智、体等方面得到全面发展，使学生养成自我锻炼身体的习惯，树立"健康第一"的体育指导思想，为终身体育锻炼打下坚实基础。另外，跳绳时利用诗词的韵律节奏培养学生摇绳与起跳换脚支撑的节奏感，充分体现华师附小用传统文化育人的特色。

二、教学内容

短绳：复习双脚轮换跳绳，纠正后勾腿和卡绳现象；交换跳绳速度竞赛。

三、学情分析

（1）五年1班，40人，班风良好，运动能力较好。

（2）本班学生比较喜欢跳绳运动，已初步掌握双脚轮换跳绳技术。

（3）五年级学生已基本掌握几种简单的跳短绳的方法。

（4）学生情况参差不齐，有个别学生已较为熟练地掌握双脚轮换跳绳技术，但大多数学生会出现勾腿、单车步、后仰和断绳的现象，导致跳绳速度上不去。

（5）学生的知识面较丰富，多以直观形象思维为主。

四、教案分析

（1）本课的教案《双脚轮换跳绳》（见表7-1、表7-2）这一内容要求较高，需要手脚协调配合和手、脚、脑并用，可以很好地发展学生的速度素质、灵敏素质和小腿力量素质。

（2）教案适合学生的心理和生理特点，难度适中。

（3）这一教案可操作性和趣味性很强，可以让学生清楚地看到付出努力所取得的进步，是帮助学生建立自我效能感的优秀课程，能为学生的终身体育打下基础。

五、教学目标

（1）认知目标：①巩固跳短绳的基本技术和方法；②进一步提高双脚轮换跳绳的技术和速度；③掌握游戏的方法和规则。

（2）能力目标：①发展学生快速跳短绳的能力以及摇、跳之间的协调能力；②发展弹跳和协调性等身体素质；③激发学生主动参与体育运动的兴趣，培养学生的观察能力、思考能力、表达能力、表现力和探究力。

（3）情感目标：增进学生之间的相互交流，培养学生团结协作的精神以及对传统文化的认同和热爱。

六、教学重点

小腿不发力，向上提膝，脚尖朝前。

七、教学难点

摇绳速度与两脚交换跳时机的协调配合，快速、协调地完成连贯跳绳。

八、教学模式和流程

（1）教学模式：学、练、赛、评。

（2）教学流程：慢跑和徒手热身动作—交换脚跳绳辅助动作—纠错提质—"绳动争霸赛"—拉伸放松。

九、创新特色

（1）一绳贯穿全课，有效解决了学生的活动需要与场地、器材、教材、师生关系间的协调问题。

（2）智能跳绳对全班学生成绩的高效统计、直观显示以及分组竞赛的趣味性是普通跳绳无法比拟的，智能跳绳还可以对学生每一段练习时间内的跳绳总数进行记录，以更好地掌握学生的跳绳总量；心率监控设备会对学生的准备活动和运动过程进行监控，会对心率过高的学生发起预警，使学生在体能锻炼中"吃饱"又"吃好"，体现了因材施教的教育思想；一体机的多媒体直观教学，提高了课堂的趣味性和教学效率；摄像反馈可以帮助学生直观地修正动作，符合学生直观思维的身心特点。

（3）利用古诗的韵律节奏，培养学生摇绳和起跳换脚支撑的节奏，提高学生的语言表达能力和对传统文化的热爱。

（4）学生的活动由各小组长负责，组长选出一首同学们喜欢的诗，给诗设定一个节奏，组员共同实践、共同探究、合作学习、共同创新，这促进了学生之间的相互交流和协作，使学生跳出技术、跳出美感、跳出团结。

（5）复习课为学生准备了两个双脚轮换跳绳技巧和速度提升的拓展学习视频，让学有余力和热爱跳绳的学生在课后进行拓展练习。

表 7-1 "双脚轮换跳绳"单元教学计划

课次	课程内容	教学目标	教学方法
1/4	跳短绳：单脚跳。 动作方法：两手握绳的两端，由后向前摇绳，当绳将要着地时，单脚跳起，使绳子从单脚下摇过。 教学重点：摇绳的速度与起跳的节奏相吻合。 教学难点：上下肢动作协调配合，动作连贯。 动作要求：双脚并拢，脚前掌着地	1. 掌握单脚连续跳短绳的动作方法，提高学生跳绳能力，为学习左右脚交换跳短绳打好基础。 2. 发展学生弹跳力、协调性及灵敏性。 3. 养成相互鼓励、共同学习的好品质	1. 教师组织学生集体复习连续并脚跳短绳的动作方法。 2. 教师讲解单脚跳短绳的动作方法并示范。 3. 教师带领学生集体感受单脚跳短绳的动作方法。 4. 学生一人一绳，两人一组自由练习单脚跳短绳，教师巡视。 5. 教师点评学生练习情况

续表

课次	课程内容	教学目标	教学方法
2/4	跳短绳：左右脚交换跳。 动作方法：两手握绳的两端，由后向前摇绳，当绳将要着地时，左（右）脚在前跨过后，接着绳子再次即将落地时，右（左）脚随即跳起，左右脚各跳一次，轮流交换跳。 教学重点：摇绳的速度与起跳的节奏相吻合。 教学难点：上下肢动作协调配合，动作连贯。 动作要求：在跳绳过程中左右脚交替用脚前掌轻巧着地	1. 初步学习左右脚交换跳短绳的动作方法，60%的学生基本学会双手向前摇绳、左右脚交换跳的方法。 2. 发展学生弹跳力和协调性，提高跳绳能力。 3. 养成相互鼓励、共同学习的好品质	1. 教师带领学生集体复习并脚跳短绳。 2. 比一比：30秒并脚跳短绳。 3. 教师讲解示范左右脚交换跳短绳的动作方法。 4. 学生单手持对折绳摇空绳感受左右脚交换跳。提示：学生随教师口令单脚起跳。 5. 听教师口令双手向前摇绳练习单脚跳，然后进行单脚"跳跳换"，两次跳跃后换腿支撑练习。 6. 向前摇绳，左右脚连续起跳练习。提示：节奏逐渐加快，腿刚开始允许高抬。 7. 分组练习，教师巡回指导。提示：一、三排后转。 8. 优生示范，普遍错误纠正。 9. 集体再练习，教师巡视，及时纠正错误动作。 10. 比一比：30秒左右脚交换跳短绳
3/4	跳短绳：左右脚交换跳。 动作方法：两手握绳的两端，由后向前摇绳，当绳将要着地时，左（右）脚在前跨过后，接着绳子再次即将落地时，右（左）脚随即跳起，左右脚各跳一次，轮流交换跳。 教学重点：小腿不发力，向上提膝，脚尖朝前。 教学难点：摇绳速度与两脚交换跳时机的协调配合	1. 了解连续双脚轮换跳绳中后勾腿、单车步、后仰和断绳现象产生的原因。 2. 通过连续双脚轮换跳绳练习，减少失误，提高速度，提高协调性和小腿的力量。 3. 通过连续双脚轮换跳绳的学习，培养学生的观察能力、思考能力、表达能力、探究能力	1. 膝盖交替触绳练习。 2. 绳挂脖子，手持绳子两端，模拟换腿跳绳。 3. 教师组织双手摇绳交换脚跳绳练习。 4. 教师组织优生通过比赛展示正确动作。 5. 教师让学生通过一体机或平板电脑观看刚才的练习动作。 6. 各小组用平板电脑拍摄跳绳练习动作并讨论。 7. 推选队长，互相学习，互相纠正错误动作。 8. 使用智能跳绳进行30秒不断绳的挑战。 9. 使用智能跳绳进行100下的目标抢夺。 10. 使用智能跳绳进行4×30秒跳绳接力比赛

续表

课次	课程内容	教学目标	教学方法
4/4	跳短绳：左右脚交换跳展示。 动作方法：两手握绳的两端，由后向前摇绳，当绳将要着地时，左（右）脚在前跨过后，接着绳子再次即将落地时，右（左）脚随即跳起，左右脚各跳一次，轮流交换跳。 教学重点：保证成功率，减少失误。 教学要求：遵守规则，相互鼓励	1. 了解减少失误和加快跳绳速度的训练方法。 2. 发展学生弹跳力和协调性，提高跳绳能力。 3. 树立小组合作的学习习惯以及关爱伙伴的良好品质	1. 教师带领学生集体复习左右脚交换跳短绳。 2. 分小组进行"挑战极限"的一次左右脚交换跳个数练习，小组全部过关，才能共同进步。引导学生相互鼓励、相互帮助、共同进步。 3. 鼓励小组之间进行组际挑战，教师指导强调动作要领。 4. 师生共同评价，既有跳绳个数评价，又有合作评价（互助鼓励、共同进步）

表7-2 《体育与健康》水平三《双脚轮换跳绳》教案

教学目标	1. 了解连续双脚轮换跳绳后勾腿、高抬腿、单车步、断绳现象出现的原因。 2. 通过连续双脚轮换跳绳的学习减少失误，提高速度，提高协调性和小腿的力量。 3. 通过连续双脚轮换跳绳的学习培养学生的观察能力、思考能力、表达能力、探究能力						
教习内容	复习双脚轮换跳绳——优化跳绳技术		教学资源		智能跳绳41条、扩音器设备1套、心率监控设备40个、一体机1台、平板电脑1台		
教学流程	慢跑和徒手热身动作—交换脚跳绳辅助动作—纠错提质—"绳动争霸赛"—拉伸放松						
教学重难点	教学重点：小腿不发力，向上提膝，脚尖朝前。 教学难点：摇绳速度与两脚交换跳时机的协调配合，快速、协调地完成连贯跳绳						

| 顺序 | 时间 | 达成目标 | | 教学内容 | 组织形式 | 学生学习 | |
		参与、技能、身体健康	心理健康、社会适应能力			学生活动	学习方式	教师活动
一	4	调动学生的积极性；进一步掌握交换脚跳绳的辅助动作；充分热身	培养学生的组织纪律性；提高学生的专注力和运动兴趣	1. 教学常规。 2. 热身。 慢跑热身结合徒手动作：小碎步跑、高抬腿、侧踢腿、垫步提膝、开合跳、弓步换腿跳	先集中，四列队伍 ♀♀♂♂ ♀♀♂♂ ♀♀♂♂ ♀♀♂♂	1. 集合、师生问好；队形变换。 2. 进入音乐情境，根据指令练习，热身；可适当创编个人动作	自主练习	1. 集合，宣布本次课内容与要求。 2. 共同参与练习。 3. 组织学生跳热身操，通过心率监控设备查看学生热身情况

续表

二	2	为教学内容做好准备	发展学生自学的能力，培养学生对运动的兴趣和专注学习的品质	1. 膝盖交替触绳练习。 2. 绳挂脖子，手持绳子两端，模拟换腿跳绳。 3. 双手摇交换脚跳绳练习和比赛	四列队伍 ♀♀♂♂ ♀♀♂♂ ♀♀♂♂	1. 身体姿势保持屈膝前倾。 2. 认真做好对折绳子、双手摇空绳子的辅助练习。 3. 认真练习，减少断绳次数和参加比赛	自主练习	1. 语言提示学生注意身体姿态和动作频率。 2. 语言提示学生注意练习时的间距。注意练习的节奏和安全。 3. 提醒学生保持专注，保持跳绳速度，不能突然加速。老师拍摄学生的练习视频
三	21	积极参与体育课堂学习，主动参与跳绳练习，发展学生的协调性与小腿力量素质	学会观察和评价自己及同伴的动作，培养解决问题的能力	1. 优生通过比赛展示正确动作。 2. 观看学生本人的练习视频。 3. "挑战30秒不断绳"，小组全部过关（比成功率）。 4. 推选队长，选择合适的诗歌（如《游子吟》）。学生利用平板电脑进行互相学习，互相纠正错误动作	四列队伍 ♀♀♂♂ ♀♀♂♂ ♀♀♂♂ △○○ ○○○ 每一横排学生围成一个圆形进行练习	1. 认真观看优生是否会出现后勾腿和高抬腿、身体晃动和卡绳的现象。 2. 认真观看视频。在教师的引导下，积极思考正确的动作。 3. 练习过程中通过观察和讨论选出小组长。 4. 使用平板电脑拍摄同伴动作，发现问题，并提供改正动作的练习方法	小组协作、模仿。自主学习，充分探讨。	1. 语言引导学生观察抬腿高度和半蹲屈膝的身体姿态。 2. 引导学生将视频中的动作与优生的动作进行对比。 3. 督促观察学生，练习过程中关注个体差异，注重安全教育。 4. 引导学生选择组长和节奏合适的诗歌。集体指导与评价。使用智能跳绳计数和一体机投放比赛结果。 5. 通过心率监控设备查看学生参与度

续表

四	8	快乐地参与体育课堂学习，主动参与比赛，减少后勾腿、后仰、单车步、断绳出现的次数，提高跳绳速度	培养学生团结协作和吃苦耐劳的精神、积极进取的精神和乐观开朗的品质	跳绳比赛。 1.进行30秒不断绳的挑战。 2.分别进行100下的目标抢夺。 3.4×30秒跳绳接力比赛。 4.根据《游子吟》诗歌节奏练习跳绳	○○○○	1.认真进行比赛时间的挑战，争取不断绳，克服困难，体验并创造有效的方法。 2.争当"霸主"，在不断绳的前提下，跳得最快的学生是冠军	小组竞赛、自主学习	1.语言引导和鼓励学生进行争霸赛。 2.讲解游戏规则：①设定挑战时间，过程不断绳；②看谁最快先完成100下；③比比哪组4×30秒完成的跳绳次数最多。 3.教师引导学生感恩父母的养育
五	5	协调上、下肢力量，进行放松	1.乐于参与，共同享受快乐。 2.谈谈成功与失败的感受	1.拉伸放松。 2.小结。 3.回收器材。 4.师生再见	♀♀♂♂ ♀♀♂♂ ♀♀♂♂ ♀♀♂♂	1.配合语言引导，积极进行放松。 2.学生自我发言	小组协作	1.引导，让学生进行放松。 2.课堂小结。 3.合理评价

预计心率曲线	心率曲线图（纵轴：次/分，70–140；横轴：0–40分）	群体练习密度：65% 预计平均心率：145±5次/分 练习强度：中上

教学反思	

第二节　智能跳绳比赛和作业

2021年，华师附小将最先进的科学技术运用到了体育教学中。在新冠肺炎疫情防控常态化的背景下，学校率先使用智能跳绳系统布置家庭体育作业以及举办线上跳绳比赛，将教育部提出的"教会、勤练、常赛"的六字方针落到实处。智能跳绳系统让全校学生的锻炼情况和比赛成绩一目了然。华师附小校园跳绳数据可视化监控平台部分界面如图7-1至图7-4所示。

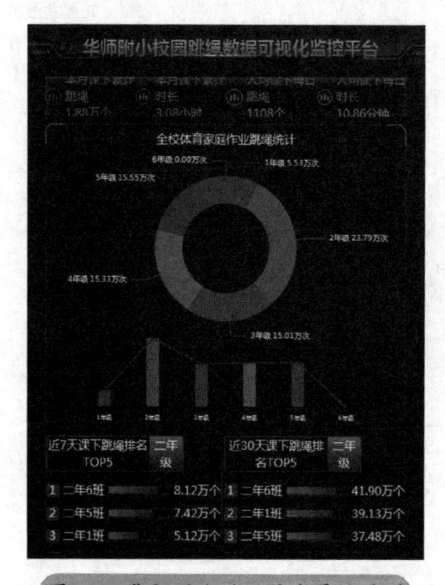

图7-1　华师附小跳绳平台界面（1）

华师附小在2020年2月全面引进智能跳绳设备，给每个学生配备了一根智能跳绳。智能跳绳设备附带的创新式课后作业系统让孩子在家也想进行跳绳运动，使学生的运动积极性大大提高。每天认真完成家庭体育作业的学生越来越多，这种班级系统管理模式也让学生拥有了更强的集体荣誉感和锻炼动力。

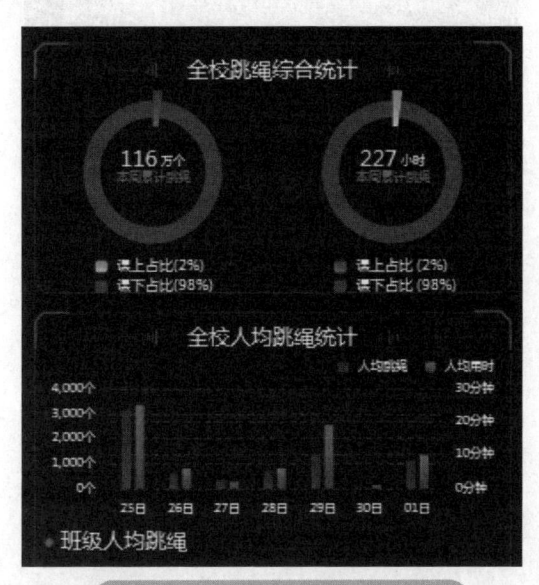

图 7-2 华师附小跳绳平台界面（2）

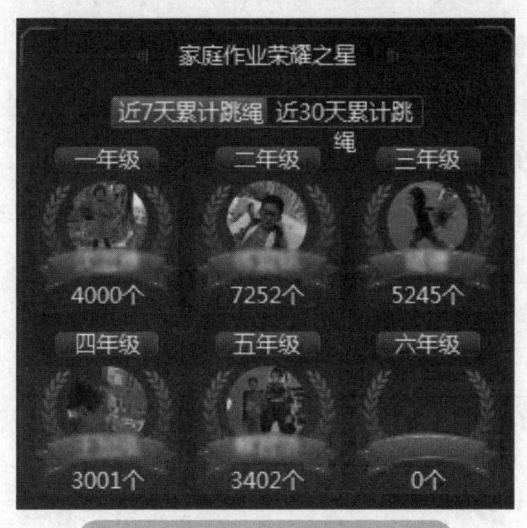

图 7-3 华师附小跳绳平台界面（3）

图 7-4 华师附小跳绳平台界面（4）

智能跳绳具有便捷、有趣的线上赛事，极大地调动了学生的锻炼积极性，同时也丰富了家庭体育锻炼的内容。

智能跳绳让所有学生实时看到自己付出的努力和进步，学生进步神速，每一天都在刷新自己的跳绳成绩。

表 7-3 至表 7-7 是学校 2021 年 4 月进行的一至五年级学生 30 秒线上跳绳比赛成绩，每个年级显示前 24 名同学的名字。

表 7-3 一年级 30 秒线上跳绳比赛成绩表

名次	姓名	个数	名次	姓名	个数
1	程*轩	135	13	梁*	113
1	程*宇	135	14	洪*轩	110
3	魏*宇	129	15	唐*锡	108
4	王*宇	125	15	程*轩	108
5	林*锟	123	17	陈*仑	107

续表

名次	姓名	个数	名次	姓名	个数
6	鲍*川	122	17	许*东	107
7	范*毅	121	17	陈*冠	107
8	张*	118	20	郑*渊	106
9	周*娴	116	21	秦*航	105
9	石*涛	116	21	钟*琪	105
9	林*由	116	21	秦*彧	105
9	陈*满	116	21	严*捷	105

表 7-4 二年级 30 秒线上跳绳比赛成绩表

名次	姓名	个数	名次	姓名	个数
1	林*天	138	13	陈*同	109
2	郑*樾	134	13	陈*潼	109
3	戎*桓	130	16	赵*颖	107
4	吴*逸	123	16	易*粤	107
5	田*欣	114	18	张*	106
6	毛*安	112	18	王*言	106
6	邓*琪	112	20	黎*彤	103
6	陈*烨	112	21	张*潼	101
9	杨*烨	111	21	王*婷	101
10	伟*	110	21	林*扬	101
10	孔*然	110	21	庾*盈	101
10	刁*	110	21	何*骐	101
13	张*圻	109			

表 7-5 三年级 30 秒线上跳绳比赛成绩表

名次	姓名	个数	名次	姓名	个数
1	葛*勇	136	14	张*文	115
2	黄*彤	133	14	涂*新	115
3	陈*然	128	16	梅*彬	114
4	郑*炫	127	16	梁*昊	114
5	毛*一	126	16	戴*皓	114
6	王*夫	124	19	凌*钰	113
7	马*	123	20	马*轩	112
8	白*	122	21	裘*珊	111
9	肖*峰	120	21	崔*悦	111
9	罗*姿	120	21	罗*桐	111

续表

名次	姓名	个数	名次	姓名	个数
9	冼*轩	120	24	蔡*晔	109
12	崔*源	118	24	陈*茵	109
12	彭*	118			

表 7-6 四年级 30 秒线上跳绳比赛成绩表

名次	姓名	个数	名次	姓名	个数
1	姚*轩	178	14	周*航	119
2	任*里	150	14	杨*山	119
3	骆*晨	145	16	崔*瑜	118
4	卢*熹	143	16	王*泓	118
5	李*恒	140	16	刘*烨	118
6	俞*泽	138	19	姚*	117
7	杨*慧	134	20	叶*宇	116
7	曾*峰	134	20	邓*	116
9	张*民	131	20	辛*	116
10	吕*	126	20	胡*文	116
10	李*灿	126	20	张*睿	116
12	李*澈	122	20	刘*旭	116
13	尹*彤	120			

表 7-7 五年级 30 秒线上跳绳比赛成绩表

名次	姓名	个数	名次	姓名	个数
1	梅*琦	132	13	卢*楠	107
2	张*耀	129	14	曾*甜	106
3	周*慎	128	15	单*桐	105
4	贺*诚	121	15	吴*珊	105
5	曾*家	119	15	吴*延	105
6	师*丁	118	18	姚*	102
7	董*昕	115	18	谢*榆	102
8	沈*勋	114	18	何*孜	102
8	黄*童	114	21	王*午	101
10	成*函	112	22	詹*越	100
10	肖*宇	112	23	黄*原	99
12	吴*恩	110	24	陈*睿	95

同学们为了在当日的跳绳计数中超越同伴，哪怕仅多出一个，排名更靠前一位，表现出了对跳绳运动的极大热情。学生在每一次跳跃中享受了乐趣，增强了体质，磨炼了意志，完善了人格。

第三节　智能跳绳赋能小学生德智体协同发展

华师附小为解决体育教学实践中体育与智育、德育培养长期分离的问题，梳理了体育与德育、智育的关系，凝练出智能跳绳活动育人的四原则，以智能跳绳项目为试点，采用课内外与校内外一体化的德智体系统过程融合方法，采用认识与熏陶、行动与渗透、反思与提升的系统过程育人方法以及"点线面"结合的培优补差的方法，通过"学、练、赛"的紧密融合，强化 AI 赋能的教学改革手段以及家校社多主体协同育人的手段，对实践效果的数据分析显示，学校培养了几百位获省市跳绳比赛一等奖的学生、三好学生、（全国以及省、市、区）优秀少先队员，通过 AI 技术有效地实现了德智体协同发展的改革目标。

一、在体育教学中引入智能跳绳活动

体育教学实践中的体育与智育、德育培养长期处于分离状态的问题，根源是教育工作者对体育育人价值认识不够、教育评价体系不完善、教育资源不足、社会对体育有认知偏差。体育被视为一种娱乐活动，而不是一种教育方式。

适逢"双减"政策落地，学生从繁重的学业负担中解脱，然而，新的难题也随之凸显——家庭、学校、社区如何协同安排好孩子的空余时间。从大教育来看，只要有体育的地方，就应该有"以体育人"的体现，学校、家庭、社会凡是开展体育活动，都不可忽略。育人工作做得好，体育教育发展满意度也会随之提高。过去的研究缺乏对某一运动项目在课内外、校内外育人价值的全面发掘，没有发挥多主体在全面育人中的作用。

未来的学校应该是以人工智能为代表的信息技术所重塑的智能化学校；未来的学校应该成为技术、人文、社会与自然之间相互融合、沟通、衔接和通会之地，成为安顿生命、温暖生命、超拔生命价值的场所。相对于传统的体育教学，智慧体育教学具有时空开放化、智能化、数据化以及"人机一体化"的内涵特征。

因此，华师附小在教学、训练、竞赛以及家庭体育作业等方面引入了智能跳绳活动，充分挖掘智能跳绳活动在发展学生德育方面以及提高智育和体质方面的重要价值。

二、体育与德育、智育的关系

体育与德育的关系：大量实验证明，情绪对人的健康和体质状况起着很重要的作用，某些异常激烈的情绪变化可以引起器官活动失调。通过运动，特别是结合各种不同运动项目的特点和要求，能较全面地实现对学生的思想品德教育和个性培养。运动能够促使身体合成多巴胺和血清素，这些是快乐情绪的脑内化学物质，能够帮助孩子舒缓压力、改善抑郁。

体育与智育的关系：第一，运动可以促进神经系统发育；第二，体育运动能提高神经系统的灵活性；第三，运动能提高大脑的工作效率。体育运动能够直接或间接地提升人的智力水平。智力的增长和发展需要良好体力的支撑，没有良好的体力，智力发展就失去了根基和意义。体育锻炼能够增强体质、提升体力，等于为智力水平的提升创造了良好的条件和优越的环境。

三、智能跳绳活动实现德智体协同发展的原则

（一）教育目标的"德智体"融合

家庭、学校和社区形成"健康第一"的共识，每个人都是自己健康的第一责任人。以体为本的"体"是指身体，以体育人的"体"是指体育锻炼，是完全人格的一种手段，也是实现德智体协同发展的手段。在实践中，体育教学应将体育锻炼的科学性与品德培育的道德性、智育提升的长期性与体育锻炼的持续性、道德养成的自觉性与智育达成的同一性相统一。

（二）行动主体的"家校社"融合

师资队伍与体育场地建设是学校体育的两大短板。学校可以与体校、社会体育俱乐部等合作，共同开展体育教学、训练、竞赛。家校社协同教育是一项系统教育工程，当三方力量合为一股，资源互助互补，才能形成共赢局面。

（三）锻炼时空的课内外相融合

体育课堂是学生进行德育、智育、体育教育的主要场所。体育课内外一体化的本质是以体育课堂教学为主渠道，以体育课外活动为辅助手段，以一体化为抓手，有计划、有组织地对学生进行动作、技术、技能的传授。

（四）教学手段的"知技智"融合

教师将运动项目的知识、技术、技能采用智能化的方式教给学生，以实现教学目标。智慧体育教学与测评系统结合可穿戴设备，实现对学生身心发展的全过程监控、评价和反馈。

四、智能跳绳活动促进德智体协同发展的方法

华师附小利用各种智慧体育设备实现校内外协同育人的路径。智能跳绳的出现打破了举办跳绳比赛的时空限制，实现了锻炼的可视化和数据化。在四个育人原则指导下形成了课内外与校内外一体化的德智体系统过程融合方法，认识与熏陶、行动与渗透、反思与提升的系统过程育人方法，"点线面"结合的培优补差的方法，解决了三育的时间分配、内容安排和价值冲突的问题。

（一）开展智能跳绳活动发展学生品德的方法

1. 智能跳绳打卡活动培养恒心

智能跳绳打卡活动让学生的进步和努力看得见，直观感知跳绳次数积少成多和跳绳速度从量变到质变的道理，使学生更有欲望挑战对手和突破自身的速度极限。

2. 智能跳绳作弊监控系统考验诚信

智能跳绳更有助于捕获诚信教育的时机。个别学生为了获胜，在比赛时用手去转动绳柄，智能跳绳可以发现学生的作弊行为并推送给教师。此时教师用红绿灯的道理教育学生将会起到良好效果：红灯停，绿灯行，交通就会很有秩序，只想自己快，无视规则，大家就都会塞在路口动弹不得。经常参与运动有助于培养遵守运动规则、公平竞争等体育品德。

3. 智能跳绳百人校际挑战赛培养团队精神

广东体育频道举行百人跳绳校际挑战赛是每所学校 100 名学生同时进行 1 分钟跳绳，根据总次数给学校排名次。如此多人参赛且按总次数排学校名次的比赛形式烘托出来的紧张气氛是培养学生团队精神的好方法。其他体育项目很难实现如此大规模的校际比赛。

4. 智能跳绳个人赛激发竞争意识

智能跳绳系统每天都会选出各班跳绳的竞数之星和竞速之星，直观地引导学生在跳绳速度上追求卓越、在跳绳数量上学会坚持，充分地调动了学生的竞争意识。学生在家就可以发起比赛，邀请好朋友参加。

5. 智能跳绳与传统文化相结合培养爱国情感

华师附小将跳绳活动与国学经典相结合。比如，让学生跟着不同速度的《弟子规》音乐进行跳绳练习。又比如，让学生根据成语"左顾右盼"创编跳绳动作，大家选出最能表达成语意思的动作。跳绳这一项中国古老的运动与优秀的中华文化相结合，让爱国的情感渗透到每个学生心里。

（二）开展智能跳绳活动发展学生的智力的方法

很多科学研究都已证实了体育活动对儿童的学习和成绩有积极性的影响，其中不同练习手段、时间长短和每日练习的时间段等许多因素都会影响体育活动的效果。

1. 学习导向和无氧训练的跳绳队

跳绳队每天早上七点到八点进行一小时集训。在选拔跳绳队员的过程中，华师附小优先选择获得"三好学生"和"十佳学生"称号的队员，营造"人人爱学习"的队风。对成绩下降的学生，教师协同家长对学生进行思想教育和停训，直到学生态度转变和成绩提高后才能复训。

2. 强调有氧锻炼的跳绳家庭体育作业

华师附小让跳绳队员早上七点到校跑步、做运动，要运动到学生的心跳达到最高值或最大摄氧量的70%才开始上课。一学期后，这些学生的阅读、理解能力比只上常规体育课的学生高了10%。华师附小鼓励学生用中等速度连贯完成跳绳体育作业。一、二年级学生布置500个跳绳，三、四年级学生布置1000个跳绳，五、六年级学生布置1500个跳绳，学生每天早上在家里完成家庭体育作业再上学。智能跳绳让学生锻炼在时空上实现了课内外相融合,实现了校内体育作业校外做,提高了学练的效果。

3. 技术分析为导向的线上跳绳比赛

华师附小每季度举行一次线上跳绳比赛,设置比速度的30秒跳绳比赛和比耐力的3分钟跳绳比赛。学生可以看到对手比赛的视频和成绩,在规定的时间内可有无数次比赛机会,学生在直观的跳绳比赛过程和即时的比赛结果的感染下激发起研究对手、实现反超的热情并付诸行动,在这个过程中学生的逻辑思维能力会得到有效锻炼。

(三)开展智能跳绳活动提高学生体质的方法

跳绳是对各年龄段孩子都比较友好的纵向弹跳运动。要达到长高的目的,学生的运动强度要达标,以跳绳为例,以1000—1500次为宜。

跳绳项目教学内容丰富,一、二年级的学生主要通过速度跳绳提高体质,三、四年级的学生通过速度跳绳和花式跳绳提高体质,五、六年级的学生通过速度跳绳、花式跳绳、集体跳绳三阶段紧密衔接,迭代强化跳绳技术、增强体质、培育品德。

五、智能跳绳活动促进学生德智体协同发展的案例

华师附小从2014年开始面向全校1500名学生开展以体育人的智能跳绳活动。通过10年的跳绳锻炼,学生的国家体质健康测试优良率从61%提高到了87%。学生通过体育锻炼收获了良好的精神面貌、追求卓越的精神、坚持到底的宝贵品质,进而助推学业质量的提升。学校在课内全面普及花式跳绳和速度跳绳,在课外组建跳绳队,为学生的课内外锻炼实现了有机融合;在校外通过布置跳绳家庭体育作业、举办线上跳绳比赛,巩固

所学技能。智能跳绳促进了学校内外多方主体的合作，共同参与学生教育。

（一）培养了学生的德育品质

在体育课上，教师进行 1 分钟速度跳绳教学，并通过播放跳绳世界冠军的比赛视频，点燃了学生参与体育运动的热情，然后再进行跳绳测试，得到了惊喜的结果。如表 7-8 所示，姚同学以 1 分钟 313 次跳绳刷新了华师附小的纪录。智能跳绳设备将参赛学生的跳绳次数进行了实时统计和全校排名，激励学生不断挑战。教师抓住此德育教育机会，邀请姚同学分享取得突破的感受和心得，让其重点分享在课外和校外的跳绳训练时间和内容，引导学生懂得"一分耕耘一分收获"的道理。

表 7-8 学生课堂 1 分钟单摇跳绳比赛成绩（单位：次）

姓名	姚轶轩	卢乐熹	刘昕烨	刘平旭	李星澈	苏嘉恒	刘彦宏	黄婧宸
成绩	313	252	248	234	232	217	189	173
名次	1	2	3	4	5	6	7	8

（二）助力学生学习成绩提升

在体育课跳绳锻炼的时候，教师鼓励学生进行自跳自数，在智能跳绳设备设定 100 次跳绳。学生跳到 100 次就停下来，不能跳多，也不能跳少，这非常考验学生的专注力，自跳自数与智能跳绳计数相结合也有利于培养学生的抽象思维能力。由于学生在跳绳过程中不断地数数，使其大脑皮层处于兴奋状态，有助于其将抽象记忆转化为形象记忆。

近五年来，华师附小在智育方面获奖 1000 余项，被评为全国教育系统先进集体，其中有代表性的是贺泽诚同学在 2022 年获得宋庆龄国家奖学金。此外，华师附小跳绳队的学生既是"体霸"，又是"学霸"，表 7-9 的数据能充分体现他们德智体协同发展取得的成果。

表 7-9　跳绳队员的学业质量情况

	三科（语数英）成绩优秀占比（%）	校级三好学生占比（%）	校级十佳学生占比（%）
全校比例	93.68	30	15
跳绳队比例	100	78	50

（三）帮助提高学生身体素质

2021年9月，华师附小组建跳绳队，队员每天早上七点参加一小时跳绳训练，参训人数达到150人，占华师附小总学生人数的15%以上。

在体育课上，教师采用交换脚跳绳锻炼发展学生的下肢速度，采用双摇跳发展学生的下肢爆发力，通过双人轮换跳绳提高学生的灵敏性，通过3分钟跳绳发展学生的耐力。学生在练习过程中的时间、速度、失误率和失误次数都会被智能跳绳设备详细记录，学生可以根据跳绳智能平台反馈的信息不断地调整自己的训练方法，教师可以根据系统反馈的信息对学生做有针对性的指导。

华师附小鼓励学生在课间休息时间完成跳绳家庭作业，确保每天练习1000—1500次跳绳。智能跳绳能精准地记录学生在课外、课间、课堂三个时间段的跳绳次数与时间。

家庭体育作业完成的质量直接影响学生的体质状况。在校门口的大屏幕上会公布各班级的家庭跳绳作业完成情况，表扬优秀的班级和同学。课后，华师附小向家长推送跳绳技术教学视频，在网络和智能平台的支持下，教师和家长共同督促孩子完成作业，通过家校的协同配合提高学生在校内外技能学练的效果以及学生的体质水平。

智能跳绳活动实施两年后，智能跳绳赋能小学生德智体协同发展的成果显著，全校学生身体素质明显提高，跳绳水平也达到了新高度，见表7–10。

表 7-10 学生体质测试表现

2022年国家体质测试成绩	2023年国家体质测试成绩	跳绳家庭体育作业完成率
优秀率 21%	优秀率 45%	2021年 30%
优良率 71%	优良率 87%	2022年 37%
及格率 97%	及格率 100%	2023年 65%

六、智能跳绳活动总结

智能跳绳设备的引入让华师附小在体育教学中找到了实现德智体有效融合的工具，其应用既体现在运动软件的对个人跳绳动作的识别和记录上，又体现在对体育课堂的集体教学上。跳绳项目的高度智能化得以让跳绳项目全面落实到体育教学的全过程，其锻炼价值和开展便利性让学生德智体协同发展的效果更为显著。

智能跳绳能解决"双减"背景下学校、教师和家长难教、难知、难管的困境。这一成功的实践经验表明，将体育与智能科技相结合，能够为学生的全面发展提供有力支持。

第四节 监控身体活动、久坐和睡眠的加速度计

ActiGraph wGT3X-BT 三轴加速度计是一种能够同时测量三维空间内三个正交方向（通常是 X、Y、Z 轴）加速度的传感器。在实际运作中，无论设备如何移动，三轴加速度计都能够检测到沿各个轴的加速度，包括静态重力加速度和动态加速度。该设备通过测量加速度的大小，可以量化儿童的活动强度，比如奔跑、跳跃、爬行等活动的力度。结合三个轴的数据，可以推算出儿童身体的姿态和角度，如坐、立、躺、弯腰等动作。因此，加速度计可以记录学生全天不同强度的身体活动、久坐时间以及睡眠情况。长期监测学生活动数据有助于评估他们的日常活动量是否达到标准，从而帮助家长和教师了解孩子的运动习惯和健康发展状况。

以下测试是针对三至六年级的学生进行的为期 7 天（5 个上学日 +2 个周末日）的加速度计测量，共 52 人，其中男生 34 人，女生 18 人。加速度计参数设置详见表 7-11。

表 7-11 加速度计参数设置详情

序号	参数内容	参数设置
1	采样间隔	15 秒
2	佩戴位置	右髋关节
3	未佩戴定义	Choi 算法
4	每日佩戴有效时长	清醒状态≥ 10 小时
5	有效佩戴天数	≥ 4 天（3 个上学日 +1 个休息日）
6	不同强度分界点	Evenson
7	久坐行为	0–100 counts/min

续表

序号	参数内容	参数设置
8	低强度身体活动	101-2295 counts/min
9	中等强度身体活动	2296-4011 counts/min
10	高强度身体活动	≥ 4012 counts/min

注：counts/min 为每分钟加速度计计数单位。

身体活动、久坐行为和睡眠构成了 24 小时活动行为，日常生活中拥有适量的身体活动、充足的睡眠以及较少的久坐行为的活动模式，会给人体身心健康带来更大的效益。儿童和青少年每天应进行数小时的结构化与非结构化低强度身体活动，每天至少 60 分钟中高强度身体活动，每周至少 3 次高强度活动和肌肉训练；娱乐屏幕时间每天不超过 2 小时，以减少久坐时间；5 至 13 岁的儿童应每天睡 9 到 11 小时，14 至 17 岁的青少年则需要每天睡 8 到 10 小时。

一、整体情况

本次测试采用"均值 ± 标准差"呈现学生在上学日和周末日 24 小时活动行为的基本情况（见表 7–12）。其中上学日中高强度身体活动达标的人数为 24 人，睡眠达标的人数为 10 人。周末日中高强度身体活动达标的人数为 12 人，睡眠达标的人数为 31 人。

表 7-12　52 名学生的 24 小时活动行为基本情况

24 小时活动行为（min/d）	上学日	周末日
低强度身体活动	257.38 ± 63.84	238.11 ± 75.59
中等强度身体活动	39.15 ± 12.39	27.25 ± 15.01
高强度身体活动	19.89 ± 9.04	12.67 ± 11.70
中高强度身体活动	59.00 ± 18.91	39.88 ± 24.82
久坐行为	495.76 ± 75.95	458.03 ± 106.15
睡眠	502.81 ± 37.82	549.62 ± 46.27

二、性别对比

测试采用独立样本 t 检验比较 24 小时活动行为的基本情况在性别上的差异，用"均值 ± 标准差"呈现 24 小时活动行为的基本情况。由表 7-13 可知，在上学日，男生的低强度身体活动、中等强度身体活动和中高强度身体活动平均时长均显著高于女生。在周末日，男生低强度身体活动和中高强度身体活动的平均时长也显著高于女生。

上学日男生中有 19 人达到了中高强度身体活动的标准，而女生达标人数为 5 人；睡眠达标的人数男生为 5 人，女生为 5 人。周末日中高强度身体活动达标的人数男生为 9 人，女生为 3 人；睡眠达标的人数男生为 19 人，女生为 11 人。

表 7-13 不同性别学生的 24 小时活动行为差异

24 小时活动行为（min/d）	男生 (n=34)	女生 (n=18)	t	p
上学日				
低强度身体活动	273.84 ± 61.89	226.29 ± 56.82	2.709	0.009**
中等强度身体活动	42.88 ± 10.56	32.11 ± 12.80	3.249	0.003**
高强度身体活动	21.04 ± 7.36	17.72 ± 11.49	1.269	0.210
中高强度身体活动	63.88 ± 14.57	49.79 ± 22.87	2.712	0.009**
久坐行为	485.38 ± 63.72	515.37 ± 93.83	-1.366	0.178
睡眠	496.83 ± 36.64	514.21 ± 39.06	-1.587	0.119
周末日				
低强度身体活动	256.94 ± 65.44	202.54 ± 82.35	2.605	0.012*
中等强度身体活动	30.22 ± 14.00	21.65 ± 15.64	2.017	0.049*
高强度身体活动	14.16 ± 12.01	9.86 ± 10.83	1.271	0.210
中高强度身体活动	44.34 ± 24.02	31.46 ± 24.76	1.820	0.075
久坐行为	445.58 ± 93.15	481.56 ± 126.73	-1.167	0.249
睡眠	541.80 ± 43.21	563.44 ± 49.80	-1.605	0.115

三、年级比较

测试采用单因素方差分析比较 24 小时活动行为的基本情况在年级间的差异，用"均值 ± 标准差"呈现 24 小时活动行为的基本情况。表 7-14 显示，周末日的久坐时长在不同年级间存在显著性差异，经多重均数比较后发现，三年级的久坐时长显著短于四年级和五年级。

上学日中高强度身体活动达标的人数三年级为 10 人，四年级为 7 人，五年级为 7 人；睡眠达标的人数三年级为 4 人，四年级为 3 人，五年级为 3 人。周末日中高强度身体活动达标的人数三年级为 9 人，四年级为 1 人，五年级为 2 人；睡眠达标的人数三年级为 14 人，四年级为 9 人，五年级为 6 人。六年级学生的上学日中高强度身体活动、睡眠和周末日的中高强度身体活动均未达标，周末日睡眠仅 1 人达标。

表 7-14 不同年级学生 24 小时活动行为的差异

24 小时活动行为（min/d）	三年级 (n=21)	四年级 (n=16)	五年级 (n=13)	六年级 (n=2)	F	P
上学日						
低强度身体活动	277.82 ± 65.91	254.61 ± 72.94	230.43 ± 38.15	240.05 ± 69.20	1.604	0.201
中等强度身体活动	38.92 ± 11.45	38.00 ± 13.87	42.31 ± 12.73	30.32 ± 8.54	0.655	0.584
高强度身体活动	19.59 ± 8.13	18.71 ± 8.78	22.71 ± 11.14	14.21 ± 2.53	0.773	0.515
中高强度身体活动	58.46 ± 17.85	58.46 ± 17.85	64.98 ± 21.13	44.50 ± 11.10	0.907	0.445
久坐行为	478.18 ± 75.14	490.56 ± 73.96	524.79 ± 80.14	533.30 ± 38.61	1.211	0.316
睡眠	506.44 ± 33.66	498.61 ± 44.41	499.81 ± 40.29	522.00 ± 7.21	0.309	0.818
周末日						
低强度身体活动	272.54 ± 78.99	212.10 ± 72.85	214.70 ± 60.59	236.75 ± 10.61	2.757	0.052
中等强度身体活动	32.85 ± 18.02	23.55 ± 11.62	24.20 ± 12.04	17.98 ± 7.89	1.814	0.157
高强度身体活动	15.88 ± 13.32	8.35 ± 8.88	13.22 ± 11.87	10.03 ± 5.27	1.322	0.278
中高强度身体活动	48.68 ± 28.85	31.86 ± 18.79	37.38 ± 22.86	27.94 ± 13.17	1.703	0.179
久坐行为	402.64 ± 93.38	498.33 ± 83.59	492.00 ± 122.21	496.50 ± 88.39	3.719	0.017*
睡眠	550.83 ± 48.00	550.84 ± 52.87	549.62 ± 39.61	528.00 ± 30.66	0.141	0.935

第五节　通过智能手表监控学生锻炼案例

致学生家长的一封信

尊敬的学生家长：

　　您好！

　　为深入贯彻落实《关于进一步加强中小学生体质健康管理工作的通知》精神，满足父母渴望孩子拥有健康体魄的诉求，我校将携手数字教育与智慧体育联合实验室，于寒假期间开展主题为"智慧随行"的学生运动健康管理计划。通过佩戴运动健康监测设备配合使用 AI 运动小程序，对学生进行专业体质分析、日常运动监控、全天候运动安全守护、个性化运动干预方案推荐，使得每一位学生都能有方向、精准地监测自身体质状况，科学、高效、安全地坚持运动，建立持续健康的运动习惯。

　　现特意邀请体育学生和家长参与本活动，与我校一同响应国家关于提升青少年体质的号召，促进落实科学高效的校外体育活动。让我们一同进步，科学共筑健康中国、共享健康生活！

华南师范大学附属小学
年　　月　　日

申领运动手环方式及说明

收到活动邀请的学生凭家长签名后的《回执》在体育科教师处申领一个校体通运动健康监测设备，作为本次活动辅助工具使用。手表免费试用时限为 2023 年 1—2 月，请学生在活动结束后（3 月 5 日前）将手表及配件原样归还。在试用期间注意保管好手表及配件，如丢失或因个人原因损坏，需照价赔偿。

回　执

　　　　　　班　　　　　　家长确认参与本次活动，并已经知悉校体通运动健康监测设备申领方式及说明，会按照《一封信》的活动形式参与本次运动健康管理计划。

家长签名：

年　　月　　日

本案例的奖励办法及结果统计见表 7-15、表 7-16。

表 7-15 华师附小"智慧随行"学生运动健康奖励办法

序号	奖项名称	评奖说明	名额	奖品	备注
1	"持之以恒"	活动期间，每日佩戴监测手表在"华师附小运动手表活动群"进行跳绳视频打卡累计完成"每日运动1小时"目标天数最多的前3名学生	3	校体通运动健康监测手表1个＋持之以恒奖状	1. 所有奖项不重复颁奖，如某同学同时上榜"持之以恒"与"运动小达人"奖，则按照"持之以恒"→"运动小达人"奖项顺序，予以颁发"持之以恒"奖，而"运动小达人"奖需除去该同学后，名次顺移。 2. 获得序号1、2奖项的同学不再参与大抽奖项目

续表

序号	奖项名称	评奖说明	名额	奖品	备注
2	"运动小达人"	活动期间，每日佩戴监测手表累计运动消耗最大的前3名学生。（注意：消耗数据只计算每日运动的前2小时数值，超过2小时后数据不纳入统计范围，请同学们科学、适量运动）	3	100元面值购书卡1张 +运动小达人奖状	
3	"运动参与"	除以上获奖学生外，完成以下条件的学生均可获得一次抽奖机会（二选一）： ①累计14天完成"每日运动1小时"目标； ②提交使用监测手表的书面使用感受反馈（200字）	26	手表（1名） 羽毛球拍（1名） 乒乓球拍（1名） 马克杯（2名） 雨伞（2名） 笔记本（10名）	

表7-16 学生运动健康管理计划统计结果

姓名	步数	消耗	公里	打卡天数	备注
郑*羲	336827	16238	204.996	54	持之以恒（暂定）
王*朋	478910	21387	300.566	51	持之以恒（暂定）
郑*芝	337139	18940	246.615	46	持之以恒（暂定）
张*可	527448	23637	278.807	39	运动小达人（暂定）
唐*锡	315964	17727	198.197	34	运动小达人（暂定）
林*彦	165354	6442	111.891	31	参与抽奖
张*霖	90739	5472	92.256	30	参与抽奖
刘*源	137500	7635	98.202	26	运动小达人（暂定）
林*乔	114878	4999	71.1	23	
韦*迪	134764	7119	81.953	21	
梁*昊	44356	2379	32.975	17	
黎*彤	95437	3855	52.391	16	
胡*之	74081	3416	39.254	15	
刘*与	83633	3732	47.647	15	
魏*宇	40122	2465	27.354	15	
谭*婧	25779	868	12.877	11	
王*林	11522	600	7.919	10	
郑*滨	22743	1017	11.424	8	
潘*可	68387	2944	32.989	8	
荣*逸	24266	1398	15.267	7	
骆*锟	10606	359	5.131	7	

续表

姓名	步数	消耗	公里	打卡天数	备注
张*夫	26558	2052	26.899	6	
杨*希	27565	1130	9.152	6	
秦*航	57209	2447	27.722	5	
范*毅	8880	537	4.886	4	
游*同	15203	612	8.583	3	
郑*渊	1038	24	0.035	3	
陈*月	1647	52	0.446	2	
舒*然	94	51	0.452	1	
张*弛	1237	29	0	1	

备注：活动时间跨越了春节，在 54 天的打卡活动中，不少学生因去拜年而没有坚持每天戴智能运动手表进行锻炼，另外本次活动手表过大，影响了低年级学生的参与度。通过实验建立的微信群了解到，绝大多数孩子并非因生病导致锻炼打卡中断。

第八章

学校常规体育活动

第一节 校田径运动会规程与校田径运动会纪录

一、运动会项目（见表8-1）

表8-1 运动会项目表

项目 年级	60米	100米	200米	400米	4×100米	跳高	跳远	垒球	30秒跳绳	飞镖	项数
六年级	√	√	√	√	√	√	√	√	√	√	10
五年级	√	√	√	√	√	√	√	√	√	√	10
四年级	√	√	√	√	√	√	√	√	√	√	10
三年级	√	√	√	√	√	√	√	√	√	√	10

项目 年级	60米	立定跳远	小布球投远	30秒跳绳	亲子1带1跳绳	迎面接力					项数
二年级	√	√	√	√	√	√					6
一年级	√	√	√	√	√	√					6

二、比赛时间、地点

时间：2024年10月19—20日

地点：华南师范大学塑胶田径场（西区）

三、参加人数

（1）按年级分组，每班每项径赛限报男、女各6人，田赛、亲子1带1项目、30秒跳绳，限报男、女各3人，每人限报2项（接力项目除外）。

（2）一、二年级的 30 米男、女混合接力：每个班选 30 人参加，男、女各 15 人。

四、报名时间

2024 年 10 月 7 日下午 5 点前，由各班主任完成报名。

五、比赛方法

（1）60 米、100 米设预、决赛，200 米以上项目采取直接决赛定名次。

（2）田赛项目直接决赛，每人 3 次试投或试跳机会，取最好成绩。

（3）30 秒跳绳、1 带 1 跳绳项目直接决赛（只有一次机会）。

（4）亲子 1 带 1 跳绳项目比赛时间为 30 秒，必须两人同跳一根绳子，可采用双人并排同跳或面对面同跳。

（5）参加 400 米比赛的每一名同学都可以为班级的团体总分加 1 分。400 米的前 8 名，按原来方式计分，不重复加分。

（6）各班为田径队输送队员参加省、市、区田径比赛，凡输送一位运动员就在下一年的团体总分上加 3 分，多送多加分。

（7）大会进行中，凡运动员因缺席或其他原因不能参赛的，一律当自动弃权处理。坚决杜绝冒名顶替者参加比赛，一旦被查实，将取消该项目的名次，追回奖品，并扣该班团体总分 5 分。

（8）揭发违规行为，必须由班主任用书面材料呈交主席台记分组。材料属实，该班可在团体总分中获得 5 分的奖励。

六、计分方法

（1）个人项目录取前8名。

（2）亲子1带1项目取前8名，单倍计分。

（3）4×100米接力录取方法：参赛队伍总数减1录取，双倍计分。

（4）30米混合接力录取方法：取前8名，双倍计分。

（5）打破校运会纪录加9分（见表8-2）。

表8-2 校运会纪录表

名次	1	2	3	4	5	6	7	8
得分	9	7	6	5	4	3	2	1

七、补充通知

为了进一步提高学生的身体素质，培养学生锻炼身体的意识，学校研究决定，三至六年级学生进行体育"达标"比赛。项目安排如下：

（1）三、四年级比赛项目为50米，五、六年级比赛项目为100米。

（2）参加人员：全体同学参加。

（3）比赛时间：2024年10月20日下午（具体比赛时间以秩序册为准）。

八、校运会纪录

华师附小校运会纪录见表8-3至表8-8。

表 8-3 华师附小一年级校运会纪录

项目	男子				女子			
	成绩	创造者	班级	日期	成绩	创造者	班级	日期
60米	10.58	马*原	02	2022年10月	11.05	梁*心	01	2024年10月
1带1跳绳	88	梁*远	07	2024年10月	92	陈*昕	03	2024年10月
30秒跳绳	119	李*阳	04	2022年10月	114	陈*婳	03	2022年10月
小布球投远	20.91	周*星	07	2021年10月	19.15	陈*雅	03	2022年10月
立定跳远	1.66	杨*毅	06	2024年10月	1.61	陈*祎	07	2022年10月
迎面接力（男女）	3:31.17	一5班	05	2024年10月				

表 8-4 华师附小二年级校运会纪录

项目	男子				女子			
	成绩	创造者	班级	日期	成绩	创造者	班级	日期
60米	9.57	马*原	02	2023年10月	10.16	陈*舒	01	2023年10月
1带1跳绳	113	陈*睿	02	2024年10月	92	王*楠	02	2024年10月
30秒跳绳	146	余*洋	07	2022年10月	114	陈*婳	03	2023年10月
小布球投远	28.74	郑*亮	04	2024年10月	19.15	陈*雅	01	2023年10月
立定跳远	1.89	郑*亮	04	2024年10月	1.61	罗*绮	10	2024年10月
迎面接力（男女）	3:11.06	二2班	02	2024年10月				

表 8-5 华师附小三年级校运会纪录

项目	男子				女子			
	成绩	创造者	班级	日期	成绩	创造者	班级	日期
60米	9.746	魏*宇	05	2022年10月	9.94	陈*舒	03	2024年10月
100米	15.48	陈*辰	05	2023年10月	16.60	陈*舒	01	2024年10月
200米	34.52	宋*航	05	2021年10月	36.66	高*涵	01	2022年10月
400米	1:21.16	郑*樾	05	2021年10月	1:22.56	杨*谷	08	2024年10月
跳高	1.04	白*		2023年10月	1.01	唐*婷	05	2024年10月
垒球	26.36	郭*烨	02	2024年10月	21.74	吴*妍	05	2021年10月
跳远	3.39	陈*辰	05	2021年10月	3.03	陈*霏	04	2021年10月
30秒跳绳	140	余*洋	07	2023年10月	134	冼*宁	04	2023年10月
4x100米	1:06.10	三2班	02	2024年10月	1:09.87	三7班	07	2024年10月
飞镖	365	黄*萱	05	2024年10月	440	杭*	07	2024年10月

表 8-6 华师附小四年级校运会纪录

项目	男子				女子			
	成绩	创造者	班级	日期	成绩	创造者	班级	日期
60米	9.26	陈*辰	05	2024年10月	9.72	罗*月	03	2021年10月
100米	15.00	程*轩	06	2023年10月	15.76	张*潇	02	2024年10月
200米	31.55	李*优	02	2024年10月	33.96	王*祺	03	2022年10月
400米	1:12.81	李*优	02	2024年10月	1:16.41	黄*飞	06	2022年10月
跳高	1.19	吴*原	01	2024年10月	1.13	张*萌	06	2022年10月
垒球	32.59	陈*仁	05	2022年10月	26.64	陈*莹	02	2021年10月
跳远	3.70	唐*桓	03	2024年10月	3.47	高*涵	01	2023年10月
30秒跳绳	142	张*	05	2023年10月	134	郑*渊	03	2023年10月
4x100米	1:02.96	四5班	05	2024年10月	1:03.94	四2班	02	2024年10月
飞镖	471	黄*弛	04	2024年10月	433	陈*彤	07	2024年10月

表 8-7 华师附小五年级校运会纪录

项目	男子				女子			
	成绩	创造者	班级	日期	成绩	创造者	班级	日期
60米	8.68	李*恒	01	2021年10月	9.29	张*月	03	2021年10月
100米	13.87	李*恒	01	2021年10月	15.01	张*月	03	2021年10月
200米	31.06	李*轩	04	2021年10月	31.70	凌*钰	05	2022年10月
400米	1:09.56	曾*昊	01	2023年10月	1:13.51	黄*飞	06	2023年10月
跳高	1.23	赖*宇	05	2023年10月	1.18	李*柔	06	2022年10月
垒球	39.37	徐*泽	02	2022年10月	41.06	黄*彤	01	2022年10月
跳远	3.84	赖*炀	01	2024年10月	3.80	周*娴	01	2024年10月
30秒跳绳	144	王*宇	04	2024年10月	142	黎*彤	05	2023年10月
4x100米	1:00.38		01	2021年10月	1:01.58		05	2022年10月
飞镖	605	张*夫	05	2024年10月	460	肖*语	06	2024年10月

表 8-8 华师附小六年级校运会纪录

项目	男子				女子			
	成绩	创造者	班级	日期	成绩	创造者	班级	日期
60 米	8.21	李*恒	01	2022年10月	8.56	杨*昕	01	2021年10月
100 米	13.22	李*恒	01	2022年10月	13.94	罗*月	03	2023年10月
200 米	28.94	李*轩	01	2022年10月	30.82	张*雯	01	2022年10月
400 米	1:06.33	曾*昊	01	2024年10月	1:08.22	张*月	03	2022年10月
跳高	1.29	钟*程	03	2022年10月	1.30	张*萌	06	2024年10月
垒球	44.85	钟*程	03	2022年10月	40.41	张*萌	02	2024年10月
跳远	3.88	张*庆	04	2022年10月	3.70	尹*希	01	2022年10月
30 秒跳绳	142	郑*樾	05	2024年10月	148	黎*彤	05	2024年10月
4×100 米	56.44		01	2021年10月	59.04		03	2023年10月
飞镖	488	李*嘉	03	2024年10月	508	黄*柔	02	2024年10月

第二节　班际篮球比赛规程

一、比赛日期

2024 年 11 月 27 日开始。星期一、三、五下午第三节课下课后开始，星期二、四下午第二节课下课后开始。

二、比赛地点

华师附小篮球场。

三、比赛分组

以班级为单位，三、四、五年级每班分为男队和女队。

四、竞赛方法

（1）比赛队伍分两组进行循环赛，小组积分前 2 名的队伍进入第二轮交叉淘汰赛。比赛奖励前 3 名。

（2）三年级比赛采用国家体育总局最新审定的《小篮球竞赛规则》进行全场 3V3 比赛；各队必须提前 5 分钟到工作人员处检录。球队超过比赛时间 10 分钟未到达赛场或上场队员不足 3 人作弃权处理。

（3）四、五年级比赛采用国家体育总局最新审定的《篮球竞赛规则》进行全场 5V5 比赛。各队必须提前 5 分钟到工作人员处检录。球队超过比赛时间 10 分钟未到达赛场或上场队员不足 5 人作弃权处理。

（4）三年级比赛采用 2 节 ×8 分钟包干方式；四、五年级比赛采用 2 节 ×10 分钟包干方式；每节间休息 1 分钟，中场休息 2 分钟，死球可要求换人或暂停，每队上、下半场各 1 次暂停，每次 30 秒，换人不限人次，在下半场最后 2 分钟正常停表。除球员受伤或判决抗议等需停表外，其余比赛时间一律不得停表。

（5）实行 A、B 队的比赛形式，赛前列好 A、B 队的名单。A 队打第一节，B 队打第二节，三年级比赛可以有两名学生同时在第一、第二节，四、五年级可以有三名学生同时在第一、第二节。

（6）每胜一场得 2 分，负一场得 1 分，弃权 0 分，得分多者名次列前，如积分相等，则采用得失分率计算。

（7）三年级在每场比赛时间终结时，如两队得分相等，则由场上队员相互罚篮，直至决出胜负。四、五年级在每场比赛时间终结时，如两队得分相等，加时 5 分钟，若加时后两队得分再相同，则由场上队员相互罚篮，直至决出胜负。

（8）各队必须有统一颜色、号码清晰的比赛服。比赛采用 5 号球。

（9）每班选拔 15 名男生和 15 名女生参加 5 分钟自投自抢投篮接力赛，每投中一球得 1 分，积分高的班级获胜。本项投篮比赛另设奖项，按班数减一录取。

第三节 武术操、跑操比赛规程

一、活动目的

为了切实加强学校体育工作，丰富校园文化生活，提升武术操的规范性、熟练度和观赏性，同时贯彻"健康第一"的教育理念，确保学生每天至少一小时的体育活动时间，增强学生体质，培养团队合作精神，展现学生积极向上的精神风貌，特举办全校武术操、跑操比赛。

二、参加对象

一至六年级全体学生。

三、比赛时间

2024年12月4日（周三）下午（遇雨顺延）。

15:05—15:45 第二节课（一、二、三年级）。

15:55—16:30 第三节课（四、五、六年级）。

四、比赛地点

学校操场。

五、比赛内容

武术操及跑操。

六、比赛顺序

（1）按照年级从低到高的顺序进行比赛，确保比赛有序进行。

（2）每个年级的所有班级同时比赛。

七、奖项设置

按年级分组，根据评分高低设立特等奖、一等奖、二等奖若干名，具体数量根据年级班级数量适当调整，见表8-9。

表 8-9 奖项设置表

年级	一	二	三	四	五	六
特等奖	2	2	2	1	1	1
一等奖	3	4	3	3	2	2
二等奖	4	4	3	3	3	3

八、评比标准

（一）人员要求

（1）原则上每班全体学生参赛，无故不参加者，每少1人，从班级总分中扣2分。

（2）有医生证明或备案的身体有缺陷的学生可不参加比赛，不扣分。学生请病、事假须在比赛前向班主任及体育科提交家长请假单。

（二）比赛要求

（1）各班设领操员1名，负责指挥进退场和领操，要求声音响亮、动作规范。

（2）各班级进退场动作迅速、安静、整齐，确保比赛效率，展现出良好的纪律性。

（3）每支参赛队必须提前到达操场整理队形，做好比赛准备。进退场队形安排二路纵队，从低至高排列，保持队形整齐。

（4）各班服装统一、整洁，穿校服或班服。

（5）武术操动作准确、整齐有力、节拍准确、节奏感强。

（6）比赛采用一次性决赛的办法，当场公布比赛结果，确保比赛公正性。

（三）评比规则

比赛采用百分制标准评分，具体评分标准如下：

1.武术操（70分，见表8-10）。

表8-10 武术操评分标准

序号	评比内容		标准（分）
1	精神面貌	精神饱满，体现出朝气蓬勃的精神面貌	5
2	服装	服装整洁、统一，符合比赛要求	5
3	队列	队列整齐，无散乱现象	5
4	领操员	领操员站位得当，调动队伍合理，动作正确、规范	5
5	进退场	进退场做到动作迅速，安静，整齐，展现出良好的纪律性	10
6	动作	动作准确、整齐有力，节拍准确、节奏感强，符合武术操动作要求	40

（2）跑操（30分，见表8-11）。

表 8-11 跑操评分标准

序号	评比内容		标准（分）
1	排面	排面整齐、横竖成行，前后距离合理、紧凑	10
2	精神面貌	精神饱满、富有朝气、口号响亮，展现出良好的团队精神	10
3	节奏	跑步节奏与音乐节拍相吻合，保持稳定的跑步速度	10

第四节　暑假线上跳绳挑战赛暨暑假体育作业

一、指导单位

广东省教育厅。

二、主办单位

华南师范大学附属小学。

（1）报名日期：2024年6月20日开启报名通道。

（2）线上比赛日期：2024年7月15日至8月4日（共21天）。

三、参赛人员

华南师范大学附属小学学生。

四、竞赛项目及规则

（一）1分钟跳绳速度赛

评分办法：赛事期间，以运动员1分钟内完成单摇的次数进行排名，次数多者排名靠前，系统将以赛事期间内该运动员1分钟跳绳最好的成绩作为排位数据，运动员可在赛事平台实时查看排名。

（二）积分挑战赛

积分规则：运动员每天单摇跳绳满 500 个可积 1 分，个人每天最多累积 3 分，运动员成功打卡 19 天即视为完赛。

积分挑战赛不设形式，运动员可选择定时、定数、自由跳绳、百万挑战等形式，其个数均计入打卡挑战赛的数量。

个人参赛者的积分计入所属学校团体积分，通过赛事 APP 可实时查看全省各学校的团体积分排名。

（三）100 万次跳绳排位赛

为发扬艰苦奋斗、顽强拼搏、永不言败的精神，赛事期间，倡议各参赛学校全校师生积极参加校园 100 万次单摇跳排位赛活动。

评分办法：比赛期间，全校参赛运动员跳绳个数累加计算，根据各参赛学校完成 100 万次单摇跳的时间进行排名（各学校参赛人数不限），先完成者排名靠前。

五、录取和奖励

（1）运动员名次奖。1 分钟跳绳速度赛全省个人排名前 5%、10%、15% 的运动员（各占 5%），分别获得一等奖、二等奖、三等奖电子版荣誉证书，完成 19 天打卡的参赛者额外获得电子完赛勋章。

（2）学校团体奖。按小学组、中学组和高校组各个组分别进行排名，团体积分排名前 10%、20%、30% 的学校（各占 10%），由大会颁发一等奖、二等奖、三等奖荣誉证书；100 万次跳绳排位赛前 24 名的学校，由大会颁发获奖证书。

第五节 "小飞人"短跑比赛竞赛规程

一、主办单位

华南师范大学附属小学体育科。

二、比赛时间

2023 年 3 月 14 日下午 3:45 分。

三、比赛地点

华南师范大学附属小学田径场。

四、参赛单位

二、三、四、五年级各班级。

五、比赛分组

二、三、四、五年级男子组、女子组。

六、竞赛项目

60 米跑。

七、运动员参赛资格

（1）每班男、女运动员可各报 4 人，通过体育课进行选拔。

（2）体育课没有被选上，但班级选拔赛时成绩超过及格线的同学每星期二下午 3:45 分到操场找体育教师进行及格测试，通过及格测试就可以参加正式比赛。

八、竞赛办法

（1）本次竞赛采用国家体育总局审定的最新田径规则，采用站立式起跑。

（2）运动员在比赛前 20 分钟到操场进行检录，点名结束后运动员不得离队，听从裁判员的指挥。

（3）60 米比赛分为预赛、预赛复活赛（预赛小组第三名参加）、半决赛、半决赛复活赛（半决赛小组第三名参加）、决赛五个阶段，决赛在课间操时间隆重举行。小组前 2 名直接进入下一轮的比赛。

（4）各组别录取前 5 名进行奖励。

（5）六年级以邀请组身份参加，邀请名单以所在班级体育教师推荐名单为准。

华师附小"小飞人"比赛各年级达标成绩见表8-12。

表8-12 "小飞人"比赛各年级达标成绩

性别 年级	60米达标成绩	
	男（单位：秒）	女（单位：秒）
五年级	9.8	10.0
四年级	10.2	10.4
三年级	10.6	10.8
二年级	11	11.2

第九章

以体育人的故事

第一节　少年寄语

华南师范大学体育科学学院　杨文轩

遵嘱对华师附小即将毕业的小朋友，和即将离队的小运动员说几句话。说实在的，作为一位70多岁的老人，当年光脚跑步、光脚打球，与你们的感悟与体验是完全不同的。但正因为没有任何理由不努力，没有天分，要靠勤奋，才有了耕耘，也才有所收获。你们将完成人生第一阶段——小学的学习，迈向任务更加繁重的中学阶段。孩子们，你们已经告别儿童，成为少年了！人生是单程的旅行，永远没有回头路！有一个统计：当你老了，最后悔的是什么？92%的人最后悔的是当年不够努力。努力吧！孩子们，世界是属于你们的，未来要靠自己去创造！学习如此，训练也如此！

运动使你健康，运动使你快乐，运动使你美丽，运动使你聪明。你们处在长身体、长知识的时期，遵循生理、心理成长发育的规律，掌握一两项运动技能，让它与你相伴终身，你将有阳光向上的心态、百折不挠的精神、快乐有趣的灵魂。这就是"体者，为载知识之车而寓道德之舍也"，"无体是无德智也"。

田径作为体育运动之母，其全面性是任何体育项目无法替代的。体育运动项目最基本的是移动，田径能全面发展运动素质，为其他运动打下好的基础，其速度、反应速度、力量等，都是各项运动的基础。田径是最古老的运动项目，同时与生活息息相关。人的生长发育遵循头尾规律，头先发育，6岁孩子大脑容量相当成年人的90%左右，脚是最慢发育的。这是为什么6岁可以上学的生理解释，也是小学生戴父母的帽子可以勉强戴上，穿父母的裤子却绝不可能的原因。相反，人老了，却是从脚开始衰老的。你们看到老人步履维艰，甚至坐轮椅。因为脚、腿肌肉力量弱了，关节出问题了，走动困难。田径使你下肢肌肉强有力，可以减缓衰老，健康快乐不正是人类永恒追求的目标吗？

祝小朋友们健康成长，努力去迎接富有挑战的明天！

第二节 "学霸"和"体霸"的特质

谢舒凡：各位老师。

张德庆：各位同学。

（合）大家好！

谢舒凡：我是大队部电视台台长谢舒凡。

张德庆：我是大队部电视台台长张德庆。今天是2020年6月10日，星期三。红领巾广播站正在直播，欢迎您的收听。舒凡，今天节目之前，我想先考考你。

谢舒凡：来啊，谁怕谁？出招吧！

张德庆：什么事睁一只眼比闭一只眼好？什么人可以一鸣惊人？

谢舒凡：嗯……嗯……不知道。

张德庆：射击的时候，睁一只眼比闭一只眼好，射击运动员可以一鸣惊人。这么简单都不知道，还说自己体育不错！果然是"四肢发达，头脑简单"啊。

谢舒凡：不对不对，我必须纠正你，不要小看运动，坚持运动的人更聪明、更阳光，意志品质更顽强。咱们学校就有很多这样的同学呢。本期节目让我们一起来了解刘雨洋同学的体育故事。她是六年5班石丽媛老师的学生，很多同学都认识她，因为她的多才多艺、品学兼优，她既是合唱队的队员，又是学校运动队的队员，还是六年5班的班长，班里很多棘手的事情她都能解决！

今年，刘雨洋同学在全校师生的见证下获得了华师附小"小飞人"短跑比赛冠军，让更多的同学记住了她的名字。但在两三年前，如果有同学跟你说这位刘雨洋同学将会是三年后华师附小"小飞人"短跑比赛冠军，你一定会觉得这位同学异想天开，因为在二、三年级"小飞人"决赛跑道上根本就没有看到过她的身影。

刘雨洋同学在四年级的时候加入了学校的田径队，每天早上七点十分前来到操场参加体育锻炼，来了后就埋头苦练，从来不需要老师操心。正是凭借着三年如一日的拼搏，她最终让自己的运动能力、意志品质实现了蜕变。

刘雨洋同学实现蜕变的难度极大，这个过程需要巨大的勇气和毅力。她的对手实力都无比强大，有三位同学曾获得过全市比赛冠军，其中还有一位同学获得了3枚市级比赛金牌，200米跑出了28.04秒的优异成绩，该成绩放在2019年天河区中学生田径运动会上可以获得第二名，可见华师附小的"小飞人"短跑决赛水平之高。

在班主任石丽媛老师及各科任教师的悉心调教下，在冠军梦的指引下，刘雨洋同学克服了各种困难，用三年刻苦训练不断积攒下的能量，在这场速度之巅的对决中尽情释放，最终以60米跑8.6秒的成绩如愿以偿地登上了华师附小的速度之巅。每一天的努力、拼搏与进取使这枚金牌发出了最耀眼的光芒。

张德庆：刚才听你说到了班主任石丽媛老师，这让我想起了另外一位林瑞晴姐姐，她也是石丽媛老师的学生，林瑞晴姐姐三年前从华师附小毕业，她在三年级的时候就加入了华师附小田径队，直到现在为止，都以田径队为傲，因为学校连续三年获得广州市田径比赛冠军，所以入队的要求太高了，除了学习成绩要好，运动能力必然是年级佼佼者。

当时的林瑞晴姐姐个子非常小，几乎是班里个子最小的一个，也不强壮，短跑速度属于中上水平，肉眼看不出太多的天赋。由于她本人对奔跑的强烈兴趣和执着感动了教师，最终给予了她试训的机会。林瑞晴姐姐虽然如愿进队了，但残酷的现实摆在她的面前，她是队伍里面实力最弱的一个。面对如此不利的局面，林瑞晴姐姐并没有畏惧和退缩，她选择了坚持和拼搏，无论严寒酷暑，早晨七点的操场上都会出现她的身影。她在华师附小的田径场以汗水为墨，坚定地书写了自己的"小飞人"梦。

到了四年级，林瑞晴姐姐通过一年的拼搏和努力总算是站稳了脚跟。虽然她取得了非常明显的进步，但她身边的同学也在茁壮成长。在这一年，她的同学代表学校参加了天河区的田径比赛，均获得了冠军。林瑞晴姐姐很是羡慕那些为校争光的同学，但她知道只有羡慕是没有用的，唯有以梦为马、不负韶华才是实现目标的最佳途径。

到了五年级，执着于速度之巅梦想的林瑞晴姐姐继续有着明显的进步，终于跑进了"小飞人"短跑比赛的决赛，并且获得了第四名。大家为她的进步感到欢欣鼓舞，但一个年级一般只会选3位女同学代表学校参加天河区的田径比赛，所以这一年她又毫无悬念地落选了。她却没有沮丧，没有抱怨，继续用努力和坚持去弥补先天的不足，她每一天的训练都在向所有的小伙伴诠释着坚持到底、全力以赴、突破极限的体育精神。为了帮助林瑞晴姐姐实现为校争光的梦想，家长也是一如既往地支持田径训练，每周都向教师询问孩子的训练情况和思想动态，提醒林瑞晴姐姐在训练时保持高度的专注，珍惜教师给予的训练机会，在吃苦耐劳和纪律作风方面也给林瑞晴姐姐做了充分的心理建设。

到了六年级，皇天不负有心人，林瑞晴姐姐继续大幅度地进步，终于有实力和学校最顶尖的高手一决高下，在最后一次校运会中击败了以前从未战胜过的对手，一举获得了60米和100米的两枚金牌。林瑞晴姐姐终于如愿地代表学校参加天河区田径比赛。在比赛现场，有一位很久没见林瑞晴姐姐的同班同学的家长满脸疑惑地说：怎么选她来代表学校比赛呀！学校里比她好的还有很多啊！林瑞晴姐姐用天河区田径比赛的60米、100

米、4×100米三枚金牌做了最完美的解答,向人们诠释了四年如一日地坚持所积聚的力量有多巨大,向人们演绎了现代版的"士别三日,当刮目相看"的励志故事!

林瑞晴姐姐是运动尖子,是各科任教师眼中的守纪模范学生,更是学习标兵,在六年级第一学期的期末考试中,她获得全年级第一名,语文、数学、英语均获得满分。她不仅是运动健将,还是"学霸",她的坚持与努力值得大家学习。

刘雨洋同学、林瑞晴姐姐所取得的优异成绩和重大突破,离不开班主任石丽媛老师的支持以及各科任教师的长期鼓励和关爱,才能让我们听到如此自强不息、破茧成蝶的感人且励志的故事。

谢舒凡: 刘雨洋同学和林瑞晴姐姐都非常了不起!为什么有些人成绩好,运动也好,难道因为他们的大脑结构不一样吗?

张德庆: 是的,听说运动还可以改造大脑呢!在这里,给大家介绍一本书《运动改造大脑》,这是美国哈佛大学医学院教授约翰·瑞迪写的。这本书被翻译成10国语言,非常畅销。作者在书中揭示了大脑和运动之间的关系。

谢舒凡: 书里也讲了关于体育锻炼的真实故事。在美国高中有个了不起的体育教师,要求学生每天早上坚持跑1600米,在跑的过程中记录学生的心跳数,而且要求学生将心率控制在每分钟185次以上。奇怪的是,有两个小女孩跑步速度很慢,但是分数最高,是因为他们是心率控制得最好的。后来,实验发现这个班的学生阅读能力得到了很大提高。

张德庆: 对了,这也说明一个道理,跑得快不一定身体好,更重要的是控制好心跳的速度。你跑的每一步都在向更灵活的大脑迈进。《运动改造大脑》,大家有空可以去看看这本书哦。

合: 今天的节目到此结束。下期再会!

第三节　以体育人的学生案例

坚毅而永恒
2017 级 1 班　李力恒

我与跑步的结缘始于三年级，学校举行校运会，在父母的鼓励下，我参加了 60 米、100 米的比赛，进入了前 8 名，校运会后，校田径队的张泽林老师把我招进校田径队跟训。就这样，我开始了我的附小田径生涯。

进了附小田径队，我才知道什么是坚持。每天七点十分，田径队的教师带着我们开始在操场训练，风雨无阻。我记得有一次下大暴雨，我以为训练应该会取消了，没想到，当我到学校的时候，看到张老师已经在操场等着我们了，而且很多同学都按时来参加训练，并没有因为大雨而放弃。这让我心里很震撼，对后来的训练也多了一份坚定。在将近三年多的训练中，除了生病，我几乎没有请过一天假。

进了附小田径队，我才知道什么是拼搏。在四年级的时候，我参加了 2020 年天河区中小学生田径运动会，这是我第一次参加校外的比赛，我看到了哥哥姐姐在赛场上努力拼搏、勇夺第一的模样。印象最深的是刘天程哥哥，他很懂得调节自己的状态，赛中休息，赛前准备，以及赛场上的镇定。跟他比赛的选手都比他高大，但是他一点儿都不畏惧，努力奔跑，拿到了好成绩。这让我心里羡慕得很，暗暗下定决心，以后也要像天程哥哥这样。

此后，我更加努力训练，除了学校早上、寒暑假的常规训练，平时周末及节假日,我都会主动坚持去运动场上跑步打卡,让跑步成为一种习惯。功夫不负有心人,各项成绩也随之而来,我成了校运会上男子60米、100米第一名的常客,获得华师附小"小飞人"奖。在广州市体育传统项目学校田径比赛、天河区中小学生田径运动会上,我也屡获佳绩,共获得8枚金牌。

这些成绩的取得,除了我个人的努力,当然也离不开华师附小张老师等体育科教师的科学指导及辛劳付出,他们牺牲了陪伴家人的时间,最先到达学校,训练结束后最后才离开,风雨无阻,春夏秋冬,年复一年。还有我的父母,我妈妈每天早起为我准备早餐,我爸爸每天早起送我去早训,我很感谢他们对我的付出。

我在田径队养成的坚持、不怕苦、顽强拼搏、沉着冷静的良好品质,让我受益匪浅,做起很多事情来都得心应手。比如学习,我能做到自觉学习,静下心来高效学习,喜欢钻研难题,所以我的学习成绩也不错,也获得了一些奖项。

跑步相对于足球、篮球来说,是比较枯燥的运动,跑步的过程是克服浮躁、静心的过程,跑步也是性价比最高的运动,任何地方,任何时间,想跑就跑,跑完之后,大汗淋漓,只觉得神清气爽。我将继续坚持跑步,跑出属于我的人生!

(李力恒同学德智体美获奖情况见表9-1。)

表 9-1 李力恒同学获奖明细

类别	名称	等级	级别	授予单位	授予年级	授予时间	备注
三好学生	2017学年度三好学生	称号	校级	华南师范大学附属小学	一年级	2018年7月	每年获得"三好学生"称号
	2018学年度三好学生	称号	校级	华南师范大学附属小学	二年级	2019年7月	
	2019—2020学年度三好学生	称号	校级	华南师范大学附属小学	三年级	2020年7月	
	2020—2021学年度三好学生	称号	校级	华南师范大学附属小学	四年级	2021年6月	
	2021—2022学年度三好学生	称号	校级	华南师范大学附属小学	五年级	2022年7月	
	2022—2023学年度三好学生	称号	校级	华南师范大学附属小学	六年级	2023年3月	
十佳学生	2019—2020学年度十佳学生	称号	校级	华南师范大学附属小学	三年级	2020年1月	
	2021—2022学年度十佳学生提名奖	称号	校级	华南师范大学附属小学	五年级	2021年12月	
德	"传承中华优秀传统文化，学做心怀感恩好少年"荣获最美小匠人	称号	校级	华南师范大学附属小学	三年级	2019年5月	
	"传承中华优秀传统文化，感受非遗文化魅力"——"非遗小剧场"	一等奖	校级	华南师范大学附属小学	三年级	2019年12月	
	"传承中华优秀传统文化，感受非遗文化魅力"——"非遗小剧场"荣获最佳主持人	称号	校级	华南师范大学附属小学	三年级	2019年12月	
	"传承中华优秀传统文化，感受非遗魅力"——"非遗博物馆特色研学活动"设计非遗海报	一等奖	校级	华南师范大学附属小学	五年级	2021年12月	
智	期末评价	数学优秀奖	称号	校级	华南师范大学附属小学	一年级第一学期	2018年1月	
		语文满分小状元	称号	校级	华南师范大学附属小学	一年级第二学期	2018年7月	
		数学大王	称号	校级	华南师范大学附属小学	一年级第二学期	2018年7月	
		数学学习积极分子	称号	校级	华南师范大学附属小学	二年级第一学期	2019年1月	

续表

类别		名称	等级	级别	授予单位	授予年级	授予时间	备注
智	期末评价	英语满分	称号	校级	华南师范大学附属小学	二年级第一学期	2019年1月	
		学习小能手	称号	校级	华南师范大学附属小学	二年级第一学期	2019年1月	
		学习小能手	称号	校级	华南师范大学附属小学	二年级第二学期	2019年7月	
		数学之星	称号	校级	华南师范大学附属小学	二年级第二学期	2019年7月	
		英语小状元	称号	校级	华南师范大学附属小学	二年级第二学期	2019年7月	
		数学小状元	称号	校级	华南师范大学附属小学	三年级第一学期	2020年1月	
		语文学习之星	称号	校级	华南师范大学附属小学	三年级第一学期	2020年1月	
		数学优秀奖	称号	校级	华南师范大学附属小学	四年级第一学期	2021年1月	
		语文之星	称号	校级	华南师范大学附属小学	四年级第一学期	2021年1月	
		英语之星	称号	校级	华南师范大学附属小学	四年级第一学期	2021年1月	
		语文学习标兵	称号	校级	华南师范大学附属小学	四年级第二学期	2021年7月	
		数学小状元	称号	校级	华南师范大学附属小学	四年级第二学期	2021年7月	
		数学小状元	称号	校级	华南师范大学附属小学	五年级第一学期	2022年1月	
		语文学习小标兵	称号	校级	华南师范大学附属小学	五年级第一学期	2022年1月	
		英语小状元	称号	校级	华南师范大学附属小学	五年级第一学期	2022年1月	
		数学小状元	称号	校级	华南师范大学附属小学	五年级第二学期	2022年7月	
		英语小状元	称号	校级	华南师范大学附属小学	五年级第二学期	2022年7月	
体		2017年学校田径运动会一年级男子组60米跑	第五名	校级	华南师范大学附属小学	一年级	2017年10月	
		2019年学校田径运动会三年级男子组100米跑	第三名	校级	华南师范大学附属小学	三年级	2019年10月	

续表

类别	名称	等级	级别	授予单位	授予年级	授予时间	备注
体	2019年学校田径运动会三年级男子组400米跑	第五名	校级	华南师范大学附属小学	三年级	2019年10月	
	2019年学校田径运动会三年级男子组4×100米接力跑	第二名	校级	华南师范大学附属小学	三年级	2019年10月	
	入选学校田径队	队员	校级	华南师范大学附属小学	三年级	2019年11月	
	2020年学校田径运动会四年级男子组60米跑	第一名	校级	华南师范大学附属小学	四年级	2020年10月	
	2020年学校田径运动会四年级男子组400米跑	第六名	校级	华南师范大学附属小学	四年级	2020年10月	
	2021年"小飞人"比赛	第二名	校级	华南师范大学附属小学	四年级	2021年6月	
	2021年学校田径运动会四年级男子组60米跑	第一名	校级	华南师范大学附属小学	五年级	2021年10月	
	2021年学校田径运动会四年级男子组100米跑	第一名	校级	华南师范大学附属小学	五年级	2021年10月	
	2021年学校田径运动会四年级男子组4×100米跑	第一名	校级	华南师范大学附属小学	五年级	2021年10月	
	2021年广州市体育传统项目（田径）学校暨广州市体育实验学校田径比赛小学生男子组60米	第一名	市级	广州市体育局广州市教育局	五年级	2021年11月	
	2021年广州市体育传统项目（田径）学校暨广州市体育实验学校田径比赛小学生男子组100米	第一名	市级	广州市体育局广州市教育局	五年级	2021年11月	
	2022年"小飞人"比赛	第一名	校级	华南师范大学附属小学	五年级	2022年5月	
	2022年广东省中小学生田径锦标赛男子小学组4×100米接力	第二名	省级	广东省学生体育艺术联合会	五年级	2022年6月	
	2022年学校田径运动会四年级男子组60米跑	第一名	校级	华南师范大学附属小学	六年级	2022年10月	

续表

类别	名称	等级	级别	授予单位	授予年级	授予时间	备注
体	2022年学校田径运动会四年级男子组100米跑	第一名	校级	华南师范大学附属小学	六年级	2022年10月	
	2022年学校田径运动会四年级男子组4×100米跑	第一名	校级	华南师范大学附属小学	六年级	2022年10月	
	2023年天河区中小学生运动会田径比赛男子组小学公办甲组60米	第一名	区级	广州市天河区教育局	六年级	2023年4月	
	2023年天河区中小学生运动会田径比赛男子组小学公办甲组100米	第二名	区级	广州市天河区教育局	六年级	2023年4月	
	2023年天河区中小学生运动会田径比赛男子组小学公办甲组4×100米	第五名	区级	广州市天河区教育局	六年级	2023年4月	
	2022年广州市体育传统项目（田径）学校暨广州市体育实验学校田径比赛小学生男子组60米	第一名	市级	广州市体育局 广州市教育局	六年级	2023年4月	
	2022年广州市体育传统项目（田径）学校暨广州市体育实验学校田径比赛小学生男子组100米	第一名	市级	广州市体育局 广州市教育局	六年级	2023年4月	
	2022年广州市体育传统项目（田径）学校暨广州市体育实验学校田径比赛小学生男子组4×100米	第二名	市级	广州市体育局 广州市教育局	六年级	2023年4月	
其他	第八届全国少年儿童书法、硬笔书法大赛暨规范汉字书写大赛（小学组）	三等奖	国家级	中国硬笔书法协会	二年级	2019年4月	
	2019年广东省青少年创新思维及科技实践大赛之创意结构搭建大赛	二等奖	省级	广东发明协会	二年级	2019年12月	

续表

类别	名称	等级	级别	授予单位	授予年级	授予时间	备注
其他	全国中小学信息技术创新与实践大赛编程猫创新编程复赛小学组	三等奖	国家级	全国中小学信息技术创新与实践大赛组织委员会	四年级	2021年7月	
	2021年第26届WMO数学创新讨论大会广东地区五年级组	三等奖	省级	WMO数学创新讨论大会活动办公室	五年级	2021年12月	
	2022年"百年校庆，你我共创"德育实践活动之手抄报制作比赛	一等奖	校级	华南师范大学附属小学	六年级	2022年11月	
	2022年第28届WMO数学创新讨论大会广东地区五年级组	二等奖	省级	WMO数学创新讨论大会活动办公室	六年级	2022年12月	
	2022—2023学年第二学期第十四届"风采达人"英语能力展示活动之"演唱英文歌曲"	一等奖	校级	华南师范大学附属小学	六年级	2023年5月	
	2023年第29届WMO数学创新讨论大会广东地区五年级组	一等奖	省级	WMO数学创新讨论大会活动办公室	六年级	2023年6月	

张老师和我

2018级3班 罗焌月

张老师何许人也？他是华南师范大学附属小学体育科的组长；"以体育人，五育并举"的践行者；"AI赋能，践行五育融合"的先行官；"张老师的校园体育"视频号主理人……你看，张老师就是妥妥的"教学霸主"。

我又是谁呢？我是华南师范大学附属小学大队委；2022年广州市"红领巾三星章"获得者；2023年广州市中小学校田径运动会（小学组）女子甲组100米和60米双冠王；2023年广东省小学生田径锦标赛女子甲组100米冠军……没错，我只是一个"短跑萌新"。

2021年至2024年"霸主"和"萌新"在华师附小田径队以汗水为墨、以坚持为笔，书写了师生间或幽默搞笑，或失落难过，或"热辣滚烫"的田径竞技故事。

让时间定格在2023年。1月，全国解除对新冠感染的甲类传染病防控措施，人们的生活逐渐恢复正常，广州市体育传统项目（田径）比赛正式吹响了集结号。我心中充满了对参赛的渴望，就像沙漠中的旅人渴望甘泉。于是，我悄悄地给自己的训练加了强度，即使连续下雨的天气也不间断训练，终于在队内选拔时顺利拿到了比赛的"入场券"。4月，比赛如期举行，赛前热身时我的膝盖却因为炎症开始疼痛难忍，虽然咬牙坚持跑完，但最后我还是输掉了比赛。值得高兴的是，队友们都斩获了佳绩，不仅包揽了多项比赛的冠军，团体总分也稳居第一。我内心充满了对队友的祝贺和对自己失利的懊恼，情绪复杂，五味杂陈。

张老师仿佛看穿了我的心思，大声地笑着对大家说："还好罗罗来比赛啦，有她的努力和好运加持我们夺得冠军啦！"队员们都欢呼着和我拥抱庆祝。的确，我需要的不是安慰或鼓励，而是那种未能站上领奖台却依然被看见、被认可的温暖感受。

更让我感动的是回到学校训练的第一天，张老师就把亚洲飞人苏炳添签名的华师附小田径队服拿给我看，让我跟队服合影留念，并讲述了苏炳添运动生涯三起三落的故事，他一次次被质疑，又一次次用更好的100米成绩回应质疑。张老师讲的故事在此后每一天的训练中都激励着我，锻炼了我无数次跌倒又爬起的坚韧、面对伤痛仍不放弃的毅力，以及在失败中寻找力量的勇气。10月，广东省小学生田径锦标赛开赛前，张老师慷慨地做出承诺，只要我们赢得100米冠军，他就将这件珍贵的队服送给我们。我想将这件签名队服拿到手，将冠军送给亲爱的母校，将冠军送给辛勤的老师，将冠军送给努力的自己，怀揣着这份坚定的信念，我终于手捧金牌，站上领奖台。

这样的故事在我们之间还有很多。张老师一次次教会我，真正的体育精神不仅仅在于胜负，而是对梦想的执着追求，是挑战自我的勇气，以及对所有参赛者的敬佩。在未来的日子里，我会用汗水灌溉梦想，用坚持诠释热爱，传承这份宝贵的体育精神。

（罗焌月同学德智体美获奖情况见表9-2。）

表 9-2 罗焌月同学获奖明细

类别	名称	等级	级别	授予单位	授予年级	授予时间	备注
三好学生	2018—2019 学年度三好学生	称号	校级	华南师范大学附属小学	一年级	2019 年 7 月	每年获得"三好学生"称号
	2019—2020 学年度三好学生	称号	校级	华南师范大学附属小学	二年级	2020 年 1 月	
	2019—2020 学年度三好学生	称号	校级	华南师范大学附属小学	二年级	2020 年 7 月	
	2020—2021 学年度三好学生	称号	校级	华南师范大学附属小学	三年级	2021 年 7 月	
	2021—2022 学年度三好学生	称号	校级	华南师范大学附属小学	四年级	2022 年 7 月	
	2021—2022 年度广州市"红领巾奖章"三星章	称号	市级	少先队广州市工作委员会	四年级	2023 年 1 月	
	2022—2023 学年度三好学生	称号	校级	华南师范大学附属小学	五年级	2023 年 7 月	
	2023—2024 学年度三好学生	称号	校级	华南师范大学附属小学	六年级	2024 年 7 月	
德	"传承中华优秀传统文化，感受非遗魅力"——"非遗节目"	特等奖	校级	华南师范大学附属小学	四年级	2021 年 12 月	
	"学会爱国——党的二十大与我"手抄报制作	特等奖	校级	华南师范大学附属小学	五年级	2022 年 11 月	
	"非遗'英'我更精彩——英语非遗小报设计"	一等奖	校级	华南师范大学附属小学	六年级	2023 年 12 月	
	"中国诗词大会"校内选拔	一等奖	校级	华南师范大学附属小学	六年级	2023 年 9 月	
	"大开'研'界·走读广州"研学达人短视频评选	一等奖	市级	广州市教育局	六年级	2023 年 10 月	

续表

类别		名称	等级	级别	授予单位	授予年级	授予时间	备注
德		"非遗少年说"青少年展示展演活动	一等奖	省级	广东省学生体育艺术联合会	五年级	2000年12月	
智	期末评价	学习之星	称号	校级	华南师范大学附属小学	一年级第一学期	2019年1月	
		数学小状元	称号	校级	华南师范大学附属小学	一年级第一学期	2019年1月	
		数学小状元	称号	校级	华南师范大学附属小学	一年级第二学期	2019年7月	
		英语达人	称号	校级	华南师范大学附属小学	二年级第一学期	2020年1月	
		语文之星	称号	校级	华南师范大学附属小学	二年级第二学期	2020年7月	
		英语达人	称号	校级	华南师范大学附属小学	二年级第二学期	2020年7月	
		劳动之星	称号	校级	华南师范大学附属小学	二年级第二学期	2020年7月	
		语文之星	称号	校级	华南师范大学附属小学	三年级第一学期	2021年1月	
		数学优秀之星	称号	校级	华南师范大学附属小学	三年级第一学期	2021年1月	
		英语之星	称号	校级	华南师范大学附属小学	三年级第一学期	2021年1月	
		优秀班干部	称号	校级	华南师范大学附属小学	三年级第一学期	2021年1月	
		语文之星	称号	校级	华南师范大学附属小学	三年级第二学期	2021年7月	

续表

类别	名称	等级	级别	授予单位	授予年级	授予时间	备注
智 期末评价	英语小状元	称号	校级	华南师范大学附属小学	三年级第二学期	2021年7月	
	语文之星	称号	校级	华南师范大学附属小学	四年级第一学期	2022年1月	
	数学优秀之星	称号	校级	华南师范大学附属小学	四年级第一学期	2022年1月	
	英语小标兵	称号	校级	华南师范大学附属小学	四年级第一学期	2022年1月	
	优秀班干部	称号	校级	华南师范大学附属小学	四年级第一学期	2022年1月	
	学习标兵	称号	校级	华南师范大学附属小学	四年级第二学期	2022年7月	
	优秀班干部	称号	校级	华南师范大学附属小学	四年级第二学期	2022年7月	
	学习标兵	称号	校级	华南师范大学附属小学	五年级第二学期	2023年7月	
	优秀班干部	称号	校级	华南师范大学附属小学	五年级第二学期	2023年7月	
	学习优秀之星	称号	校级	华南师范大学附属小学	六年级第一学期	2024年1月	
	优秀班干部	称号	校级	华南师范大学附属小学	六年级第一学期	2024年1月	
	少年先锋队大队委，国旗队队长	称号	校级	华南师范大学附属小学	六年级	2023年10月	
语文	第十七届青少年冰心文学活动小学组作品展示	金牌	国家级	青少年冰心文学活动组委会	四年级第二学期	2022年5月	

续表

类别	名称	等级	级别	授予单位	授予年级	授予时间	备注
语文	第十八届青少年冰心文学全国作品展示小学组	金牌	国家级	全国青少年冰心文学征稿活动组委会	五年级第一学期	2022年12月	
	第十八届"为学杯"中小学生创新作文全国总决赛	一等奖	国家级	创新作文少年作家培养计划评委会	五年级第一学期	2022年	
	第十九届"为学杯"中小学生创新作文全国总决赛	一等奖	国家级	创新作文少年作家培养计划评委会	五年级第二学期	2023年	
	"一图一故事，野保小卫士"守护野生动物故事征集比赛	二等奖	市级	广州市教育局	六年级	2023年10月	
	第44届"羊城之夏"少儿立体研学展示活动	优秀作品	市级	广州市教育局	六年级	2023年2月	
数学	第29届"YMO"青少年数学思维研学交流活动广东赛区决赛	金奖	省级	世界青少年奥林匹克数学竞赛协会	四年级	2022年6月	
	第29届"YMO"青少年数学思维研学交流活动全国总决赛	特金奖	国家级	世界青少年奥林匹克数学竞赛协会	四年级	2022年7月	
	第30届"YMO"青少年数学思维研学交流活动广东赛区决赛	金奖	省级	世界青少年奥林匹克数学竞赛协会	五年级	2022年12月	
	第30届"YMO"青少年数学思维研学交流活动全国总决赛	金奖	国家级	世界青少年奥林匹克数学竞赛协会	五年级	2023年1月	
	希望数学2022国际精英挑战中国赛区	个人一等奖	国家级	希望数学国际邀请赛组委会	四年级	2022年8月	

续表

类别	名称	等级	级别	授予单位	授予年级	授予时间	备注
英语	剑桥通用英语五级考试KET	优秀		英国剑桥大学考试委员会	四年级	2022年8月	
	剑桥通用英语五级考试PET	优秀		英国剑桥大学考试委员会	五年级	2023年5月	
	第十一届"风采达人"英语能力展示活动——"演唱英文歌曲"	特等奖	校级	华南师范大学附属小学	一年级	2019年5月	
	第十二届"风采达人"英语能力展示活动——"讲演英文故事"	特等奖	校级	华南师范大学附属小学	三年级	2021年5月	
	第十三届"风采达人"英语能力展示活动——"英文电影配音"	特等奖	校级	华南师范大学附属小学	四年级	2022年5月	
	第十四届"风采达人"英语能力展示活动——"英文主题演讲"	特等奖	校级	华南师范大学附属小学	五年级	2023年5月	
	第九届广州市小学英语"爱阅读·有创意"读书写作活动		市级	广州市教育研究院	六年级	2023年12月	
体	2018年学校田径运动会一年级女子组60米	第一名	校级	华南师范大学附属小学	一年级	2018年10月	
	2019年学校田径运动会二年级女子组60米	第一名	校级	华南师范大学附属小学	二年级	2019年10月	
	2020年学校田径运动会三年级女子组4×100米	第二名	校级	华南师范大学附属小学	三年级	2020年10月	
	2021年学校田径运动会四年级女子组60米	第一名	校级	华南师范大学附属小学	四年级	2021年10月	
	2021年学校田径运动会四年级女子组小布球	第二名	校级	华南师范大学附属小学	四年级	2021年10月	

续表

类别	名称	等级	级别	授予单位	授予年级	授予时间	备注
体	2021年学校田径运动会四年级女子组4×100米	第三名	校级	华南师范大学附属小学	四年级	2021年10月	
	2022年学校田径运动会五年级女子组60米	第一名	校级	华南师范大学附属小学	五年级	2022年10月	
	2022年学校田径运动会五年级女子组100米	第一名	校级	华南师范大学附属小学	五年级	2022年10月	
	2022年学校田径运动会五年级女子组4×100米	第二名	校级	华南师范大学附属小学	五年级	2022年10月	
	2023年学校田径运动会六年级女子组60米	第一名	校级	华南师范大学附属小学	六年级	2023年10月	
	2023年学校田径运动会六年级女子组100米	第一名(破校纪录)	校级	华南师范大学附属小学	六年级	2023年10月	
	2023年学校田径运动会六年级女子组4×100米	第一名(破校纪录)	校级	华南师范大学附属小学	六年级	2023年10月	
	"小飞人"比赛	第三名	校级	华南师范大学附属小学	三年级	2021年6月	
	"小飞人"比赛	第一名	校级	华南师范大学附属小学	四年级	2022年5月	
	"小飞人"比赛	第一名	校级	华南师范大学附属小学	五年级	2023年4月	
	"小飞人"比赛	第一名	校级	华南师范大学附属小学	六年级	2024年4月	
	天河区中小学生运动会田径比赛公办丙组女子垒球	第二名	区级	广州市天河区教育局	四年级	2022年2月	
	天河区中小学生运动会田径比赛公办丙组女子100米	第四名	区级	广州市天河区教育局	四年级	2022年2月	

续表

类别	名称	等级	级别	授予单位	授予年级	授予时间	备注
体	广州市中小学校田径运动会（小学组）女子甲组 100 米	第一名	市级	广州市教育局	五年级	2023 年 11 月	
	广州市中小学校田径运动会（小学组）女子甲组 60 米	第一名	市级	广州市教育局	五年级	2023 年 11 月	
	广州市中小学校田径运动会（小学组）优秀运动员		市级	广州市教育局	五年级	2023 年 11 月	
	2023 年广东省小学生田径锦标赛甲组女子 100 米	第一名	省级	广东省学生体育艺术联合会	五年级	2023 年 10 月	
	2023 年广东省小学生田径锦标赛甲组女子 60 米	第二名	省级	广东省学生体育艺术联合会	五年级	2023 年 10 月	
	2023 年广东省小学生田径锦标赛甲组女子 100 米	第二名	省级	广东省学生体育艺术联合会	六年级	2024 年 6 月	
	2023 年广东省小学生田径锦标赛甲组女子 60 米	第三名	省级	广东省学生体育艺术联合会	六年级	2024 年 6 月	
美	国际少儿创意美术大赛	金奖		国际少儿艺术交流协会	二年级	2020 年 9 月	
	国际少年儿童创意书画大赛	铜奖		中华全国总工会	三年级	2021 年 4 月	
	第二十五届全国中小学生绘画书法作品比赛	三等奖		中国儿童中心	三年级	2021 年	
	艺术节绘画比赛	特等奖	校级	华南师范大学附属小学	三年级	2021 年 1 月	
	第 39 届广州市青少年科技创新大赛绘画项目	三等奖	市级	广州市教育局	六年级	2024 年 1 月	
	中国国际标准舞总会拉丁舞考牌	铜牌	等级考试	中国国际标准舞总会	二年级	2020 年 4 月	
	中国国际标准舞总会拉丁舞考牌	银牌	等级考试	中国国际标准舞总会	二年级	2020 年 4 月	

续表

类别	名称	等级	级别	授予单位	授予年级	授予时间	备注
科普	GEF—中国西部适应气候变化可持续土地管理拓展项目			国家林业科技成果库编号：16020430	五年级	2022年8月	
	"天地共播一粒种"青少年与航天员一起种植物活动	卓越奖		中国科学院科学传播局	五年级	2022年10月	
志愿者	大熊猫野化放归项目			公益服务总时长：40小时	五年级	2022年8月	
	长江江豚与候鸟保护项目			公益服务总时长：30小时	五年级	2022年10月	
	东北虎保护与科研项目			公益服务总时长：40小时	六年级	2023年2月	
	野狼保护与科研项目			公益服务总时长：40小时	六年级	2024年7月	

我的"小飞人"成长记

2019级5班 兰熙翎

三年级那年,在爸爸妈妈的鼓励下我报名参加了学校的田径队。那时的我,完全没想到这将会是一个让人又爱又"恨"的决定。刚开始训练的那几周,感觉就像进入了一个"炼狱"。我每天早上六点半起床,披上寒冷的晨光或迎着烈日的暴晒,七点前准时到达学校的操场开始一天的训练。还记得第一次训练时,我刚跑了几圈,就觉得腿像灌了铅,气喘吁吁地想放弃。

田径队的几位老师都特别严格,无论刮风下雨,都要求我们坚持训练,"风雨无阻"就是我们张老师常常挂在嘴边的话。记得有一次,下着瓢泼大雨,我和队友们站在操场上,心里偷偷希望今天的训练能取消。然而,张老师却坚定地站在雨中,对我们说:"正是这样的天气,才是最好的训练机会!体育精神,就是在艰难中依然坚持的力量。"他的话像是给我们注入了一股无形的力量,让我们打消了懒惰的念头,我也渐渐体会到了一种全新的力量,那就是坚持和毅力。

随着训练的持续,我开始慢慢适应了这样的节奏,抗拒感逐渐消退,取而代之的是一种意想不到的成就感。张老师和田径队其他几位老师不仅在训练上严格要求我们,还非常关注我们的情绪变化。比如龙老师似乎总能察觉到我们的疲惫和厌倦,并且善于用各种方式来激励我们。每当我们完成了特别艰苦的训练,或者在比赛中表现出色时,龙老师总会拿出一些小礼物作为奖励,有时候是一小包糖果,有时候是一瓶运动饮料。不要小看这些小小的奖励,它们总能让我们感到无比的开心,觉得自己是被认可和鼓励的。

除此之外，麦老师和汪老师还经常组织我们进行一些有趣的游戏活动。老师们会设计一些结合了跑步和团队合作的小游戏，比如"沙包大战"，让队员分队抢沙包。这些活动不仅增加了训练的趣味性，还让我们在欢声笑语中锻炼了身体。每次游戏结束后，大家都会围在一起，分享游戏中的趣事，互相鼓励。这些有趣的活动，让我们逐渐爱上了田径训练，感受到了运动的快乐。

在长期的训练中，我渐渐认识到自己的不足。有一次，学校组织了一次短跑比赛，我原本满怀信心地参加，但结果却不尽如人意。我甚至没能进入前三名，那天我沮丧得差点哭了出来。张老师看出了我的心情，他安慰我说："失败并不可怕，这只是提醒我们还有改进的空间。你可以通过增加跳绳训练来提高弹跳力和爆发力，这样下次比赛就会有更好的表现。"张老师的话让我重新振作起来，我开始每天坚持跳绳，并且在周末停训的日子到健身房进行体能训练。几个月后，在学校的"小飞人"比赛中，我因为跳绳练习的成效显著，成功地在短跑项目中获得了第一名。站在领奖台上的那一刻，我感受到了一种前所未有的成就感，心里充满了喜悦和自豪。我明白成为"小飞人"不仅仅是由跑道上点滴汗水浇灌而成，更是由内心不断挑战自我的坚毅铸造而成。通过这次比赛，我真正体会到了努力的重要性，认识到成功不仅仅依赖于天赋，更需要不懈地努力和坚持。

田径训练虽然辛苦，但它给我带来的收获却远远超出了体能的提升。训练中的每一次挥汗如雨、每一次坚持到底，都让我变得更加坚韧和自信。同时，田径队也成了我交到新朋友的地方。在这里，我遇到了许多志同道合的小伙伴。我们一起跑步、一起比赛、一起欢笑，分享训练中的苦与乐。尤其是接力赛的时候，我们更是团结一心，为了团队的荣誉而拼尽全力。在这过程中，我学会了团队合作的重要性，也和队友们建立了深厚的友谊。

通过田径训练，我深刻认识到天赋固然重要，但成功更离不开后天的努力。原本我以为自己在跑步上天赋一般，但在老师们的指导和鼓励下，我通过不断地训练，逐渐提升了自己的速度和耐力。每一次取得小小的进步，都是对我坚持不懈的回报。我明白了，只要肯努力，就一定会有收获。这种坚持不懈的精神，已经深深植入了我的心中，将成为我日后面对各种挑战最重要的力量！

（兰熙翎同学德智体美获奖情况见表9-3。）

表 9-3 兰熙翎同学获奖明细

类别	名称	等级	级别	授予单位	授予年级	授予时间	备注
三好学生	2019—2020学年度三好学生	称号	校级	华南师范大学附属小学	一年级	2020年6月	每年获得"三好学生"称号
	2020—2021学年度三好学生	称号	校级	华南师范大学附属小学	二年级	2021年6月	
	2021—2022学年度三好学生	称号	校级	华南师范大学附属小学	三年级	2022年6月	
	2022—2023学年十佳学生	称号	校级	华南师范大学附属小学	四年级	2023年3月	
	2022—2023学年度三好学生	称号	校级	华南师范大学附属小学	四年级	2023年6月	
	2023—2024学年度三好学生	称号	校级	华南师范大学附属小学	五年级	2024年6月	
德	"传承中华优秀传统文化，感受非遗魅力"——"非遗小剧场"	特等奖	校级	华南师范大学附属小学	一年级	2019年12月	
	"传承中华优秀传统文化，学做文明有礼的好少年"——华南师大附小2020年优秀德育（手抄报）作品评比	特等奖	校级	华南师范大学附属小学	二年级	2020年11月	

续表

类别		名称	等级	级别	授予单位	授予年级	授予时间	备注
德		"传承中华优秀传统文化，感受非遗魅力"——"非遗博物馆特色研学活动"	特等奖	校级	华南师范大学附属小学	三年级	2021年12月	
智	期末评价	语文小状元	称号	校级	华南师范大学附属小学	一年级第一学期	2020年1月	为学期期末考获得满分科目
		数学之星	称号	校级	华南师范大学附属小学	一年级第一学期	2020年1月	
		语文小状元	称号	校级	华南师范大学附属小学	一年级第二学期	2020年7月	
		数学之星	称号	校级	华南师范大学附属小学	一年级第二学期	2020年7月	
		英语学习标兵	称号	校级	华南师范大学附属小学	一年级第二学期	2020年7月	
		三科全能王	称号	校级	华南师范大学附属小学	一年级第二学期	2020年7月	
		数学英语双科状元	称号	校级	华南师范大学附属小学	二年级第二学期	2021年7月	
		数学学习标兵	称号	校级	华南师范大学附属小学	三年级第一学期	2022年1月	
		英语学习标兵	称号	校级	华南师范大学附属小学	三年级第一学期	2022年1月	
		学习标兵	称号	校级	华南师范大学附属小学	三年级第一学期	2022年1月	
		数学学习标兵	称号	校级	华南师范大学附属小学	三年级第二学期	2022年7月	
		英语学习标兵	称号	校级	华南师范大学附属小学	三年级第二学期	2022年7月	
语文		第十六届青少年冰心文学活动省级预选赛	一等奖	省级	青少年冰心文学活动组委会	二年级第一学期	2021年2月	
数学		第26届WMO数学创新讨论大会（中国区）广东地区活动	三等奖	省级	WMO数学创新讨论大会活动办公室	三年级第一学期	2021年12月	
		第26届WMO数学创新讨论大会中国区活动	铜奖	国家级	WMO数学创新讨论大会活动办公室	三年级第二学期	2022年2月	

续表

类别	名称	等级	级别	授予单位	授予年级	授予时间	备注
数学	"华罗庚金杯"数学邀请赛	三等奖			五年级	2024年2月	
	第31届WMO数学创新讨论大会（中国区）广东地区活动	三等奖	省级	WMO数学创新讨论大会活动办公室	五年级	2024年6月	
	美国大联盟2024夏季挑战赛个人赛	银奖（前15%）		美国大联盟组委会	五年级	2024年8月	
英语	剑桥通用英语五级考试KET	通过		英国剑桥大学考试委员会	一年级	2019年12月	一年级通过KET，二年级通过PET，三年级通过FCE
	剑桥通用英语五级考试KET	卓越		英国剑桥大学考试委员会	二年级	2020年11月	
	剑桥通用英语五级考试PET	通过		英国剑桥大学考试委员会	二年级	2021年7月	
	剑桥通用英语五级考试PET	优秀		英国剑桥大学考试委员会	三年级	2022年2月	
	第15届ABC全国青少年英语口语应用能力展示活动广东省决赛	金奖	省级	全国青少年英语口语应用能力展示活动广东省组委会	二年级	2021年1月	
	第15届ABC全国青少年英语口语应用能力展示活动	金奖	国家级	全国青少年英语口语应用能力展示活动组委会	二年级	2021年2月	
	2021常春藤国际口语大赛地区半决赛	金奖	省级	美国常春藤国际口语大赛组委会	二年级	2021年1月	
	第12届"风采达人"英语能力展示活动——"英语话剧表演"	特等奖、最佳语音奖	校级	华南师范大学附属小学	二年级	2021年5月	
	2021常春藤国际口语大赛总决赛	银奖	亚太地区	美国常春藤国际口语大赛组委会	三年级	2021年10月	
	第一届Shine Like Stars大湾区青少年英语嘉年华活动（广东）	二等奖	省级	剑桥大学英语考评部澳门考试中心	三年级	2021年10月	

续表

类别	名称	等级	级别	授予单位	授予年级	授予时间	备注
英语	剑桥通用英语五级考试 FCE	通过		英国剑桥大学考试委员会	三年级	2022年8月	
	剑桥通用英语五级考试 CAE	成绩待出		英国剑桥大学考试委员会	五年级	2024年8月	
体	2019年学校田径运动会一年级女子组60米跑	第二名	校级	华南师范大学附属小学	一年级	2019年10月	每年校运会、"小飞人"比赛均获奖，入选学校田径队
	2019年学校田径运动会一年级男女混合30米迎面接力	第一名	校级	华南师范大学附属小学	一年级	2019年10月	
	2020年学校田径运动会二年级女子组60米跑	第五名	校级	华南师范大学附属小学	二年级	2020年10月	
	2021年学校田径运动会三年级女子组100米跑	第五名	校级	华南师范大学附属小学	三年级	2021年10月	
	2021年学校田径运动会三年级女子组60米跑	第六名	校级	华南师范大学附属小学	三年级	2021年10月	
	入选学校田径队	队员	校级	华南师范大学附属小学	三年级	2021年11月	
	2022年"小飞人"比赛	第三名	校级	华南师范大学附属小学	三年级	2022年4月	
	2022年学校田径运动会五年级女子组4×100米跑	第一名	校级	华南师范大学附属小学	四年级	2022年10月	
	2022年学校田径运动会五年级女子组200米跑	第二名	校级	华南师范大学附属小学	四年级	2022年10月	
	2022年学校田径运动会五年级女子组60米跑	第三名	校级	华南师范大学附属小学	四年级	2022年10月	
	2023年"小飞人"比赛	第一名	校级	华南师范大学附属小学	四年级	2023年4月	
	2023年学校田径运动会五年级女子组200米跑	第二名	校级	华南师范大学附属小学	五年级	2023年10月	

续表

类别	名称	等级	级别	授予单位	授予年级	授予时间	备注
体	2023年学校田径运动会五年级女子组60米跑	第二名	校级	华南师范大学附属小学	五年级	2023年10月	
	2022年广州市青少年体育俱乐部田径接力公开赛U12组女子4×100米	第七名	市级	广州市体育局	五年级	2023年11月	
	广州市2024年青少年田径邀请赛女子小学乙组200米	第七名	市级	广州市田径协会	五年级	2024年3月	
	2024年"小飞人"比赛	第二名	校级	华南师范大学附属小学	五年级	2024年4月	
美	北京舞蹈学院芭蕾舞分级考试	三级	等级考试	北京舞蹈学院	二年级	2021年4月	
	献礼建党100周年，中艺星光杯广东省精品集体节目展演	银奖	省级	广东省艺术教育促进会	二年级	2021年7月	
	北京舞蹈学院芭蕾舞分级考试	四级	等级考试	北京舞蹈学院	三年级	2022年4月	
	北京舞蹈学院芭蕾舞分级考试	五级	等级考试	北京舞蹈学院	四年级	2023年4月	
	北京舞蹈学院芭蕾舞分级考试	六级	等级考试	北京舞蹈学院	五年级	2024年4月	

时刻准备着

2020级5班 张丁夫

"25.61米!"

当裁判员大声读出我的成绩时,我惊呆了!教练张老师把我高高地举起(图9-1,图9-2),我的耳边传来一阵阵欢呼声、赞叹声、掌声……

"这是真的吗?"我擦了擦自己的眼睛,那个小白球静静地躺在草地上,微笑着看着我,好像在说:"亲爱的小运动员,你做得真棒!"

当张老师告诉我,这个结果是场上最好的,我是四年级垒球冠军!我不敢相信的同时,眼泪忍不住大滴大滴地掉下来!是啊,从班级初选到走上这个赛场,其间发生了很多惊心动魄的故事!我差点都没机会走上这个赛场。

因为一开始我的漫不经心,班级初赛成绩不是很理想,我差点丢掉了参加这个比赛的机会,后来在张老师的鼓励下,我拿出了自己最好的状态参与班级复赛,终于以绝对优势胜出,作为班级选手参加校运会。

图9-1 张老师高高地举起了我

在备战的日子,张老师告诉我:"党的二十大报告指出'广泛开展全民健身活动,加强青少年体育工作',为我们体育工作指明了方向,为全国体育战线明确了奋斗方向。体育承载着国家强盛、民族振兴的梦想，关乎人民幸福，关乎民族未来。老师希望你全力以赴，发挥出自己最好的水平！"

在张老师的鼓励下，我每天6:30起床，7:00准时站在学校的运动场上，跟着张老师一遍一遍地重复"拿球——举球——向前甩球"这个机械的过程，不敢掉以轻心，不敢半分偷懒！哪怕多苦多累，我也坚持按训练计划继续！

终于在四年级校运会上，我超越自己，拿到了我的第一个体育比赛冠军！这个冠军不仅实现了我的体育梦想，它还让我明白了一个道理——当我们确定一个目标之后，就要时刻准备着！当准备充分的时候，要牢牢把握住机会，付出自己最大的努力！无论是生活还是学习，认真准备、全力以赴的做事态度都会使我们受益终身！

图9-2 我们开心得"飞"起来

（张丁夫同学德智体美获奖情况见表9-4。）

表9-4 张丁夫同学获奖明细

类别	获奖名称	获奖等级	获奖级别	授予单位	授予年级	授予时间
三好学生	2020—2021学年度三好学生	称号	校级	华南师范大学附属小学	一年级	2021年6月
	2021—2022学年度三好学生	称号	校级	华南师范大学附属小学	二年级	2022年6月
	2022—2023学年度三好学生	称号	校级	华南师范大学附属小学	三年级	2023年6月
	2023—2024学年度三好学生	称号	校级	华南师范大学附属小学	四年级	2024年7月

续表

类别	获奖名称	获奖等级	获奖级别	授予单位	授予年级	授予时间
三好学生	华南师范大学附属小学"美好少年"	称号	校级	华南师范大学附属小学	二年级	2021年—2022年
	华南师范大学附属小学"美好少年"	称号	校级	华南师范大学附属小学	三年级	2022年—2023年
德	"学习二十大精神，讲好新时代故事"中小学主题作品展示活动——作品《时刻准备着》	二等奖	省级	广东省教育厅	四年级	2024年2月
	非遗小剧场·景泰蓝——"最佳表演奖"	称号	校级	华南师范大学附属小学	二年级	2021年11月
	"传承中华优秀传统文化，感受非遗魅力"场馆课程之"非遗博物馆特色研学活动"——非遗节目	特等奖	校级	华南师范大学附属小学	二年级	2021年12月
	"传承中华优秀传统文化，感受非遗魅力"场馆课程之"非遗博物馆特色研学活动"——非遗手工作品	特等奖	校级	华南师范大学附属小学	二年级	2021年12月
	2022年"百年校庆，你我共创"德育实践活动之手抄报制作比赛	特等奖	校级	华南师范大学附属小学	三年级	2022年11月
	2022—2023学年度第二学期"最佳小导游"评选活动	称号	校级	华南师范大学附属小学	三年级	2023年4月
	2023年华南师范大学附属小学"诵读中国"经典诵读大赛活动	一等奖	校级	华南师范大学附属小学	三年级	2023年6月
	2022—2023学年华南师范大学附属小学德育劳动实践活动之非遗手工作品制作活动	一等奖	校级	华南师范大学附属小学	四年级	2023年10月
	2022—2023学年华南师范大学附属小学德育劳动实践活动之手抄报制作活动	特等奖	校级	华南师范大学附属小学	四年级	2023年10月

续表

类别		获奖名称	获奖等级	获奖级别	授予单位	授予年级	授予时间
德		2023—2024学年第一学期"非遗'英'我更精彩——英语非遗明信片设计"活动四年级组	特等奖	校级	华南师范大学附属小学	四年级	2023年12月
		2023—2024学年第二学期华南师范大学附属小学德育实践活动之"我的中国年"非遗手工作品制作活动	特等奖	校级	华南师范大学附属小学	四年级	2024年3月
智	期末评价	数学小状元	称号	校级	华南师范大学附属小学	一年级	2021年1月
		体艺之星	称号	校级	华南师范大学附属小学	一年级	2021年1月
		英语优秀奖	称号	校级	华南师范大学附属小学	一年级	2021年7月
		数学学习小能手	称号	校级	华南师范大学附属小学	一年级	2021年7月
		全勤奖	称号	校级	华南师范大学附属小学	一年级	2021年7月
		英语优秀奖	称号	校级	华南师范大学附属小学	二年级	2022年1月
		全勤之星	称号	校级	华南师范大学附属小学	二年级	2022年1月
		守纪模范队员	称号	校级	华南师范大学附属小学	二年级	2022年1月
		全勤之星	称号	校级	华南师范大学附属小学	二年级	2022年7月
		数学明日之星	称号	校级	华南师范大学附属小学	二年级	2022年7月
		学习之星	称号	校级	华南师范大学附属小学	三年级	2023年7月
		数学小明星	称号	校级	华南师范大学附属小学	四年级	2024年1月
		英语优秀奖	称号	校级	华南师范大学附属小学	四年级	2024年1月
		语文之星	称号	校级	华南师范大学附属小学	四年级	2024年7月
		数学之星	称号	校级	华南师范大学附属小学	四年级	2024年7月
		英语卓越奖	称号	校级	华南师范大学附属小学	四年级	2024年7月

续表

类别	获奖名称	获奖等级	获奖级别	授予单位	授予年级	授予时间
语文	2021—2022学年度第一学期"十月小小作家"	称号	班级	华南师范大学附属小学	二年级	2021年10月
英语	2020—2021学年第二学期第十二届"风采达人"英语能力展示活动——"演唱英文歌曲"一年级组	特等奖	校级	华南师范大学附属小学	一年级	2021年5月
	2021—2022学年第二学期第十三届"风采达人"英语能力展示活动二年级组	最佳表演奖	校级	华南师范大学附属小学	二年级	2022年5月
英语	2021—2022学年第二学期第十三届"风采达人"英语能力展示活动——"英文话剧表演"二年级组	特等奖	校级	华南师范大学附属小学	二年级	2022年5月
	2022—2023学年第二学期第十四届"风采达人"英语能力展示活动——"讲演英文故事"三年级组	特等奖	校级	华南师范大学附属小学	三年级	2023年5月
航天	全国青少年航天创新大赛选拔赛（小学高龄组）	二等奖	国家级	中国航天科技国际交流中心	二年级	2022年7月
	全国青少年航天创新大赛区域赛（广东赛区）航天创意比赛小学Ⅰ组	一等奖	省级	中国航天科技国际交流中心	三年级	2023年7月
围棋	中国围棋协会业余等级证书	业余20级	国家级	中国围棋协会	二年级	2022年6月
	广东省围棋定级赛入门D组定20级	/	省级	广东省围棋定级定段赛组委会	二年级	2022年5月
体	2024年全国青少年飞镖锦标赛（广东站）A组U12男子个人高分赛	第三名	国家级	中国飞镖协会	四年级	2024年2月
	2024年全国青少年飞镖锦标赛（广东站）B组U12团体赛	第六名	国家级	中国飞镖协会	四年级	2024年2月

续表

类别	获奖名称	获奖等级	获奖级别	授予单位	授予年级	授予时间
体	2022年广东省第一届寒假线上跳绳挑战赛1分钟跳绳速度赛	三等奖	省级	广东省学生体育艺术联合会	二年级	2022年1月24日—2月6日
	2023年第一届青少年百人跳绳校际赛小学组1分钟单摇团体赛	第三名	省级	广东广播电视台体育频道	三年级	2023年4月
	2023年广东省小学生田径锦标赛混合乙组掷远	第二名	省级	广东省学生体育艺术联合会	四年级	2023年10月
	2023年广东省小学生田径锦标赛混合乙组十字跳	第六名	省级	广东省学生体育艺术联合会	四年级	2023年10月
	2024年广东省学校跳绳协会"云雅杯"中小学跳绳交流赛——3分钟10人"8"字跳	第一名	省级	广东省学校跳绳协会	四年级	2024年6月
	2023年天河区中小学生运动会跳绳比赛	第三名	区级	天河区教育局	四年级	2023年11月
	华南师大附小2022年度30秒单摇线上跳绳比赛	第十四名	校级	华南师范大学附属小学	二年级	2022年4月
	2022年学校田径运动会三年级男子组垒球	第三名	校级	华南师范大学附属小学	三年级	2022年10月
	2023年学校田径运动会四年级男子组垒球	第一名	校级	华南师范大学附属小学	三年级	2023年10月
美	全国社会艺术水平朗诵考级	肆级	国家级	北京广播影视培训中心	一年级	2020年12月
	2021年6期《冰心少年文学》"绘画作品"栏目——作品《快乐旅行》	/	国家级	《冰心少年文学》编辑部	一年级	2021年6月
	第二十六届全国中小学生绘画书法作品比赛（绘画类）	优秀奖	国家级	中国儿童中心	二年级	2022年6月
	第五届"致敬英雄"全国青少年文化艺术创作主题教育竞赛"描绘我心中的英雄"书法绘画大赛	二等奖	国家级	中国少年儿童文化艺术基金会	三年级	2023年8月

续表

类别	获奖名称	获奖等级	获奖级别	授予单位	授予年级	授予时间
美	第五届"致敬英雄"全国青少年文化艺术创作主题教育竞赛"描绘我心中的英雄"书法绘画大赛（小学低龄组）	一等奖	省级	中国少年儿童文化艺术基金会	三年级	2023年7月
	2023宁夏沙坡头金蛙国际艺术节美术研学创作	一等奖	省级	金蛙国际艺术节组委会	三年级	2023年8月
	2022年广州市中小学师生书画及手工艺作品比赛小学组——绘画作品《美丽羊城你我他》	二等奖	市级	广州市教育局	二年级	2022年8月
	第38届广州市青少年科技创新大赛——少年儿童科学幻想绘画项目	二等奖	市级	广州市教育局	三年级	2023年2月
	第八届"羊城学校美育节"系列活动之广州市中小学生器乐演奏比赛西洋乐小学组	三等奖	市级	广州市教育局	三年级	2023年7月
	2024年广州市中小学师生书画及手工艺作品比赛——《您好！广州》	一等奖	市级	广州市教育局	四年级	2024年4月
	2022"我的成长能量瓶"手绘心理画及"我的幸福瞬间"征文征集活动手绘心理画类小学组	一等奖	区级	广州市天河区未成年人心理辅导与援助中心	二年级	2022年7月
	2023年"天河之春"第六届中小学生美育节器乐演奏比赛西洋乐器类小学组	一等奖	区级	广州市天河区教育局	三年级	2023年5月
	2020年艺术节系列活动之绘画比赛	特等奖	校级	华南师范大学附属小学	一年级	2021年1月

续表

类别	获奖名称	获奖等级	获奖级别	授予单位	授予年级	授予时间
美	2021年"关爱心灵 阳光成长"手绘心理画及心理健康宣传标语征集活动手绘心理画类小学组	二等奖	校级	华南师范大学附属小学	一年级	2021年7月
	《小小设计师——轴对称图形与剪纸艺术》活动——作品《冬奥会》	特等奖	校级	华南师范大学附属小学	二年级	2022年3月
	2022年"我与附小的故事"德育实践活动之绘画作品制作比赛	一等奖	校级	华南师范大学附属小学	二年级	2022年3月
	2022年华南师范大学附属小学"曲戏则润粤韵羊城"美育节戏曲比赛	一等奖	校级	华南师范大学附属小学	二年级	2022年6月
	2022—2023学年"学会爱国——党的二十大与我"德育实践活动之手抄报制作活动	特等奖	校级	华南师范大学附属小学	三年级	2022年11月

第四节　以体育人的家长案例

慧眼识才巧引导，家校共育铸辉煌
2017级4班　李宇轩爸爸

一、慧眼识才，深耕兴趣沃土

李宇轩，一个自小便如同阳光般耀眼、运动细胞活跃的孩子，自踏入校园的那一刻起，便以其在短跑项目上的非凡表现，迅速成为众人瞩目的焦点。每当校田径运动会的枪声响起，他总能以惊人的速度冲过终点线，多次将100米冠军的荣誉揽入怀中。这份天赋，如同埋藏在心底的宝藏，等待着被发掘与雕琢。

我们深知，兴趣是孩子成长道路上最宝贵的财富。因此，我们致力于营造一个充满体育氛围的家庭环境，让体育精神成为家庭文化的一部分。通过共赏国内外体育赛事，分享体育明星的励志故事，我们让李宇轩在耳濡目染中感受到体育的魅力，激发了他对运动的无限热爱。同时，我们也引导他理解：每一次荣耀的获得，都是无数次汗水与泪水的结晶，是坚持不懈、勇于挑战自我的结果。

二、家校携手，共筑成长阶梯

当李宇轩在三年级时顺利入选学校田径队，这不仅是对他个人能力的认可，更是家校合作共育的初步成果。我们深知，专业训练对于一名运动员的成长至关重要，但家长的陪伴与支持同样不可或缺。因此，我们与学校田径队教练建立了紧密的沟通机制，积极参与训练计划的制订与执行。

在训练过程中，我们既尊重教练的专业指导，又充分发挥自身的优势，通过细致入微的观察与交流，为李宇轩提供个性化的训练建议与心理支持。家长的参与，不仅让训练更加科学、高效，更在精神上给予了孩子巨大的鼓舞与力量。正是这份家校合作的默契与努力，使得李宇轩的短跑成绩在短时间内取得了质的飞跃，最终在2023年广州市体育传统项目（田径）比赛中一举夺得200米冠军的殊荣。

三、尊重梦想，绘制未来蓝图

随着年岁的增长与阅历的丰富，李宇轩的梦想也愈发清晰而坚定——"我要成为一名优秀的运动员"。面对孩子这份纯真的执着与追求，我们选择了无条件的支持与陪伴。在尊重他个人意愿的基础上，我们开始共同规划他的未来之路。

针对李宇轩在200米、400米项目上的特长与兴趣，我们制订了详细的训练计划与发展规划。我们深知，成为一名专业运动员的道路充满艰辛与挑战，但只要我们携手并进、共同努力，就一定能够克服一切困难、实现心中的梦想。

同时，我们也注重培养孩子的综合素质与人文素养。我们鼓励他多读书、多思考、多交流，拓宽视野、丰富内涵。我们相信，一个优秀的运动员不仅要有出色的运动技能与身体素质，更要有坚定的信念、高尚的品德与广博的知识。只有这样，他才能在未来的道路上走得更远、更稳、更精彩。

在未来的日子里,我们将继续秉持"慧眼识才、家校共育"的教育理念,为李宇轩的成长与发展提供坚实的支持与保障。我们相信,在家校双方的共同努力下,李宇轩一定能够在追求梦想的道路上绽放出更加耀眼的光芒!

第十章

我的育人感悟

第一节　一个灵魂唤醒另一个灵魂

教育家第斯多惠认为：教育的艺术不在于传授本领，而在于激励、唤醒和鼓舞。这正是全国优秀体育教师钟老师对我展现的教育艺术。

高中时期，我参加了市里的800米比赛，与冠军几乎同时冲过终点后，实在太累了，马上倒在地下。钟老师紧张地跑过来将我扶起，对我说："体育的精髓，不在于赢得一场比赛，而在于赢得一种尊严。"

体育高考来临前，钟老师给了我一瓶营养品，叮嘱每天吃一颗。我以为是神奇药丸，顿时信心倍增，后来才知道那只是一瓶维生素C。一句话，一颗小药丸，一颗慈爱的心，唤醒了我的体育教师梦。

毕业后我荣幸地成了一名体育教师，在教师节的时候，我收到了一张来自英国的明信片，里面写道："张老师，祝您教师节快乐！论天赋，我不是最优秀的，是您给我力量，让我一次次重燃斗志，是您让我到英国中学还能为国争光。"她叫陈芊彤，是区赛60米跑的冠军。她的巨大改变坚定了我的"以体育人"育人理念。

曾经的她患有先天性的长短腿，起不了早，吃不了苦。有一天我问她："陈芊彤，你为什么今天没来训练？"她理直气壮地跟我说："又不是我一个人没来训练，我们班的其他同学也没来训练呀！"虽然我知道接手的是一支停训一年的田径队，但她的回答还是深深地触动了我。原来同伴的行为对他们影响那么大，我得赶紧进行凝聚力建设。第二天早上，操场上依旧是那八九个学生，我坚定地告诉他们："我每天都会第一个到达操场，哪怕操场上只有一个学生，我也会给他训练！"

同时，我不断寻找转变学生的契机。我发现，课间操是师生交流以及同事交流的好时机。我采取了逐个突破、逐班突破、逐个年级突破的办法，向班主任了解学生的性格和学习情况，向学生了解困难和需求。在此基础上，我充分发挥体育骨干的作用，让同班的武毅飞和郑斯尹同学团结陈芊彤归队训练，为其举办归队仪式，并签订训练责任书。

除此之外，我每天撰写训练总结，常常在体育室研究训练问题到深夜，为了信守第一个到操场的承诺，有时就直接睡在了体育室。

虽然两个月短暂的训练无法在区田径比赛中取得好成绩，但来训练的学生越来越多了。新一年的训练，我继续坚持"以体育人"的理念，奇迹发生了！我带队获得了区田径比赛团体总分冠军，后来还获得了区赛五连冠、市赛三连冠军、省赛团体总分一等奖的佳绩。"以体育人"的实践成果引起了媒体的关注，《人民日报》转载了《"学霸"如何炼成"体霸"》的大篇幅报道，这篇报道记录了我的"以体育人"的成果，更好地将"以体育人"的理念传递了下去。

哲学家雅思贝尔斯认为：教育的本质是一个灵魂唤醒另一个灵魂。我期待越来越多的人对我说："张老师，是您！改变了我对体育的认识！"我期待越来越多的体育工作者以更昂扬的姿态，投入到建设体育强国的新征程中！

第二节 体育训练应重育人、重过程、轻结果

在孩子的成长过程中有很多令其心智成长的事件，体育训练和比赛就是一种很好的育人手段。在学校，队员的身份是学生，在学校中接受体育锻炼，这是他们接受教育的一种手段，使其身心得以健康成长。学校体育训练的过程中最为核心的是使学生身心成长，这是"学校体育"存在的重要意义，至于学生在运动会中争金夺银是自然而然的事情，或者是广泛开展学校体育后结出的硕果。

专业运动员的培养由各类体校或职业队负责，专业训练仅限于少数有天赋的学生，在"唯金牌论"主导下，好的比赛成绩是他们的终极目标，甚至不惜牺牲健康。学校体育训练则承担着普遍提高学生身体素质、培养学生良好道德品质的重任，"育体"与"育心"是其存在的根本目的。学校体育竞赛与竞技体育在目的上有着明显的差别。

我们的队员不是专业运动员，而是一名在校的学生，将来他们绝大多数人也不可能成为运动员。因此，家长、教师和教练不应以竞技体育的"唯奖牌论"来评价孩子的校园体育训练经历，而应从终身发展的角度，衡量这段经历对孩子人生的深远影响。例如，训练一段时间后孩子是否感觉自己的身体更加健壮了、身手更加敏捷了，更关注自我的进步了，而非盲目地与他人比较；孩子是否比训练前更能吃苦了，更明白坚持的意义了，更懂得如何面对成败了，更自信，更乐观，更懂得与人交流，更懂得规则存在的意义。这些优良品质，就像是人生当中的一面金牌，更值得他们终生

追求，并最终收获幸福人生。

我对队员的训练要求是专注与坚持，这是一种做事情的品质或者是一种做事情的态度，这是将事情做好的基础。专注与坚持是他们在训练过程中通过各种身体练习、各种教育时机慢慢习得的品质。

在训练过程中难免会出现伤病，这就需要队员学会克服困难，明白意外本来就是生活中的一部分，尽管我们谨慎小心也难免犯错，但不要气馁，努力康复后迎头赶上，过了这道坎，孩子的羽翼将更加丰满。

训练枯燥乏味，难免出现怨苦叹累的情况，这就需要队员及时进行自我调整，充分地激发自己对进步的渴望、对胜利的渴望，学会苦中作乐，这也是一门生活的学问。

训练中难免出现"双台风"对我们的干扰，正是这些一次次不期而遇的困难才让队员懂得了做好一件事情需要付出很多，懂得了没有人可以随随便便成功，让队员明白想要登峰造极、提高自己的整体实力就需要提高抗干扰能力，让队员明白提高克服困难的能力这是一个人的内在需求，不是教师的命令。60米没有多少步，但每跑一次都是通往成长的道路。

比赛后我让队员正确地对待比赛的结果，让队员知道"一分耕耘，必有一分收获"，只要专注于每个动作、专注于比赛过程，理想的成绩自然会随之而来。若对结果不甚满意，让队员知道凡事都不可能尽如人意，只要尽力了就没有遗憾，这次的不成功，没关系，至少我们还有从头再来的勇气，屡败屡战的决心是你们人生的标志。

第三节　冠军是如何炼成的

2017年至2019年华师附小田径队三夺广州市体育传统项目（田径）学校比赛冠军，2015年至2019年五夺天河区中小学生运动会田径比赛总分冠军，创造了优异的体育竞赛成绩，如图10-1、图10-2所示。在习近平主席"文明其精神，野蛮其体魄"思想的启发下，我通过不断优化、创新，发扬优点，弥补不足，持续探索最优的育人方案，以更好地回应习近平主席和国家的教育关切，以下的内容供同行参考和思考，共同研讨如何培育身心健康的时代新人。

图10-1　冠军队员与教练合影之一

在宏观层面，华师附小以先进的办学理念引领田径队的各项工作，秉持"办一流基础教育，奠定学生终身发展基础"的理念，特别注重学生身心健康，视其为培养国家栋梁的核心素养。在"一校多品"的学校体育特色的发展过程中，学校举办了多种多样的体育比赛，给学生尝试不同运动项目的机会，让学生的体育天赋得到及时的发现。例如，举办篮球比赛、"小飞人"短跑比赛、跳绳比赛、飞镖比赛、秋季田径运动会，同时不断地提高体育课堂的实效性，以及严格落实教育部的学生"每天锻炼一小时"的文件精神，因此学校体育人才辈出。

学校将学生体测成绩纳入"三好学生"等奖励评价指标中，发挥了制度导向作用。学校规定学生的体育成绩优秀才有资格评定"三好学生"，而达到体育课成绩优秀、校运会单项前三名、区级以上比赛前六名、体质测试优秀四项中的一项才可以认定为体育成绩优秀。

图 10-2 冠军队员与教练合影之一

在微观层面，俗话说：火车跑得快，全靠车头带。由此可见，教练是一支训练队的精神领袖，必须有甘为人梯的崇高职业理想，要有追求卓越的精神，要用饱满的热情上好每一节训练课，在激情飞扬的赛道上实现自己的职业理想。

在田径训练中，教练以身作则，胜于言教。学校要求学生7:10到校，而教练则会在7点前提前到达田径场等候。另外，为了营造运动氛围，教练先在操场上跑步或者打篮球，给同学们展示花式足球和花式篮球的技术。了解到学生很喜欢看教练投三分球，于是教练就在课余时间有意地强化自己的三分球技能，满足学生的观赏需求，从而更好地激发他们对运动的兴趣。

在田径训练过程中处处彰显着教练无私奉献的精神。在周末，甚至是国庆节，敬业的教练会对技术动作掌握不牢固和竞技状态不佳的学生进行个别辅导，确保学生以熟练的技术和良好的精神状态参加天河区和广州市的田径比赛。在放学后，教练也会对部分田赛运动员进行加练，提高他们的身体能力和专项水平。

在田径训练过程中，教练非常注重动作示范的质量，并能够优美且精准地完成。起跑动作、跨栏技术、跳高技术、掷垒球技术、弯道跑技术……教练都能信手拈来，赢得同学们热烈的掌声和崇拜的目光。这是因为我们教练经常给自己"充电"，每年都积极参加广东省田径协会和广东省体能协会组织的培训，希望能用最前沿的专业知识指导学生的敬业精神不断地促使我们提高专业技术技能。

在训练过程中，教练非常注重趣味性，用幽默的语言、有趣的游戏、先进的教具、激烈的竞赛等形式吸引学生的注意力，从而让学生快乐地动起来。如在游戏设计方面，教练合理选用"贴膏药""大鱼网""捕鱼""春种秋收""快跑寻宝""比比谁的反应快""掏鸟窝"等游戏，让训练变得灵动而有趣。

在训练过程中，教练非常关注学生的思想动态，训练时学生会难免感到苦与累，亦偶有泪水。教练会在训练结束后用名言警句给学生加油鼓劲，给同学们送出的励志名言数不胜数，例如：书山有路勤为径，学海无涯苦作舟；不经一番寒彻骨，怎得梅花扑鼻香；吃得苦中苦，方为人上人。温习这些耳熟能详的名言，学生的抱怨声逐渐消失了，心情也平静下来。

在训练过程中，教练用故事教育学生克服困难，再次让学生燃起对进步、对成长的渴望。当学生在训练时遇到困难，教练会用励志的故事来感化他们。如在寒冷的冬天，有的学生不愿离开温暖的被窝，不能按时来参加学校的早上训练。教练会及时与其家长联系，问清原因。等到课间操时，教练会根据学生的性格，或严肃或调侃地询问学生缺训的原因，并进行故事教育："伟大的作家鲁迅小时候也常迟到，起不了早，他意识到这是一个问题，于是在自己的书桌上刻下'早'字，以提醒自己准时上学。教练觉得你是个上进的好学生，最后一定能像鲁迅那样准时到校。自律的鲁迅成为伟大的文学家，我想自律的你也一定能成为一名优秀的运动员。"

在训练过程中，教练还注重艺术性，充分运用著名心理学家马斯洛的需求层次理论，满足学生的尊重需求。如教练会及时邀请表现好的同学进行动作示范，增强学生的自豪感和荣誉感；将学生在训练时跑出的成绩与上一年区、市比赛的成绩进行对比，让学生有一个明确的奋斗目标；当学生在训练过程中成绩取得进步时，教练总能及时发现并给予充分的肯定，将学生的预测排名往前移，给学生更准确的定位。在这样被尊重的氛围下训练，学生的技术更容易提升，训练动力更足。

赛前，教练让学生书面总结过去的训练，希望学生通过书写来内化教练所传授的内容和提出的要求，同时缓解他们的紧张情绪。鼓励学生树立合适的目标来引领自身的训练，提高训练的专注度，从而提高训练水平，争取获得更好的成绩。

比赛时，教练员将刚比完赛的学生取得的好成绩及时告知即将参赛的学生。学生看着自己的同班同学或者自己的好朋友在赛场取得优异成绩，会备受鼓舞、身心愉悦，这样学生到达赛场时就不会因为过分紧张而消耗过多的体力，也不会因为过分紧张而影响比赛时的专注度。

比赛过后，同学们高度紧张的身心需要放松下来，于是学校会用心地组织参赛学生参加聚餐活动。学生可以在聚餐活动中畅聊一番，说说笑笑，享受着学校为他们组织的荣誉午餐。这个一年仅一次的活动，让学生非常期盼。

学生毕业时，学校还为六年级毕业生准备了"功勋运动员"证书，给毕业学生举办退役仪式，高度地肯定他们过去三年刻苦训练、顽强拼搏、永不言败的精神，感谢运动员为学校争得荣誉所付出的一切努力，营造了充满感恩和友爱的团队氛围。

"健康中国"的号角已在神州大地吹响。我们将努力激发学生的运动兴趣，让学生享受运动的乐趣，提高学生的体质和意志品质，让学生在体育锻炼中健全人格，让更多的学生因体育锻炼而受益。

文明其精神，野蛮其体魄，我们一直在路上……

后 记

本书的形成首先是源于课题"以体为本：AI赋能小学'三融两线N点'创新育人实践研究"，该课题获得了2023年广州市教学成果奖，受到了专家和同行的肯定和鼓励，同时唤醒了我对往事的回忆，萌生了著书立说的冲动，这是当年我对孩子们的承诺："你们尽管努力拼搏，老师为你们著书立说，让你们的故事成为'传说'。"因此，在后续的教学成果培育的过程中，我不断丰富本书的理论和实践资料。本书也是2023年度广东省中小学德育课题"'三全育人'视域下体育与健康课程具象化德育实践研究"（课题编号为2023ZXDY003）的研究成果，以及2024年度广东省青少年校园足球暨学校体育高质量发展专项课题"AI赋能小学'五融两N点'以体育人模式的实践与探索"（课题编号为24SXZPT33）的研究成果。

2024年2月20日，华南师范大学附属小学有幸入选教育部中小学人工智能教育基地。这是对学校过去十多年利用人工智能赋能体育教学所取得的成果的充分肯定，也为未来在学校深入推进人工智能赋能体育教学提供了强大的动能。2024年6月，论文"以体为本：AI赋能'五融两线N点'以体育人模式的构建与实践"获广州市第七届中学生运动会体育科学论文报告会一等奖，我代表全体获奖教师在主会场进行了半小时的论文陈述和答辩，在与会专家的指导下，厘清了研究和实践的思路，增强了写作的信心。2024年7月，案例"以体为本：AI赋能'五融两线N点'以体育人模式的构建与实践"获教育部"智慧教育示范区"智慧教育优秀案例。

该案例的形成，为本书的撰写搭建了基本的框架。近年来，华南师范大学附属小学立足教育数字化转型的基本任务，引入智慧体育教学与测评系统，构建学校智慧操场、AI 运动小站、阳光跑、多人跳绳等智慧体育场景，探索 AI 赋能下的小学体育教学"学、练、赛、评、管"一体化育人模式。华师附小着力推进"五融两线 N 点"的以体育人实践，通过家校社协同与人工智能赋能两种手段，依托"三美"跨学科主题式体育课程，培养学生的运动特长，实现学生德智体美劳融合发展，培养"五优"学生。

教师基于系统校级、班级、学生数据，为学生构建"安全、有趣、智能、高效"的智慧化体育运动环境，开展常态应用、精准教学、多维评价、科学管理，落实五育融合，满足师生在日常教学、课后运动、体育测试、体质监测、家校共育、健康大数据等多元场景的应用需求。智慧体育教学全面提升了学校的教育能力及教学质量，促进了学生全面发展。在实践的过程中，我得到了学校、家长、学生、亲朋好友的大力支持和鼓励，不然这本书绝不可能与大家见面。

感谢华南师范大学附属小学校长张锦庭给予我莫大的鼓励和支持，让我不断提炼教学成果、打造学科特色。

感谢华南师范大学附属小学常务副校长江伟英在本书出版前数次当面指导、谆谆教诲，在书稿的二级目录、书写框架与全书成稿等方面给予指导和建议，并为本书的顺利出版保驾护航，使我受益良多。

感谢华南师范大学附属小学副校长周育钦为人工智能设备引入学校做的大量工作。

感谢我的贤内助孔老师，怀着即将出生的小宝宝仍然能处理好小雨林的生活和学习，让我有更充足的时间思考书稿的内容，在空余时间还能协助我画书稿的思维导图。

感谢我亲爱的家长、同事、学生，我们一起竭力、愉快、默契地合作，教学相长，向美好教育出发，努力成为更好的自己。

后 记

  感谢所有关心这本书出版、参与这本书撰写、提供资源的教师和朋友，是大家的努力才使这本书得以面世。

  由于本人水平有限，错误及疏漏在所难免，诚恳希望各位专家和读者批评指正。

附录 "学霸"如何炼成"体霸"

你猜,"广州市田径传统项目比赛"冠军小学是哪所学校?而且是蝉联3年的全市冠军,29人次获区田径比赛冠军,19人次获广州市田径比赛冠军。

不是学生多、可精挑细选好苗子的大校,也不是体育设施全、场地宽的强校,而是只有1200名学生的华南师范大学附属小学。的确,华师附小是"学霸"名校,但体育如此之强,超乎许多人意料。

"学霸"是如何炼成"体霸"的?在中考、高考体育改革,日益强调体育的背景下,如何兼顾学习与运动?身体是革命的本钱,如何培养孩子热爱运动,终身运动?

瘦弱女生和12枚短跑金牌

鲁梓越出生时不到6斤、自小体弱多病,五年级了也还是个瘦瘦的女生,皮肤甚至有一些苍白,但却是一匹"黑马",手握12枚短跑金牌。

从学校"小飞人"短跑比赛、校运会、天河区中小学生田径运动会,到广州市体育传统项目学校田径比赛,从60米到100米、200米、4×100米,3年来她斩获12枚金牌,也是2019年全校唯一一个获得天河区"优秀运动员"称号的学生。

鲁梓越意识到自己可以跑得比别人快,源自幼儿园被欺负,"我从小体弱多病,爸爸妈妈伤透了脑筋。上幼儿园时,是班上年龄和个子最小的一个，别的小朋友老推我一下打我一下，我打不过，只能跑。"

即将受到攻击时，本能地奋力地逃脱，她发现，自己有跑得快的天赋。

鲁梓越享受跑步，跟朋友、同学吵架了，心情不好了，就去跑一跑，"跑起来所有的伤感就会烟消云散。"

她先是在校运会的 60 米比赛上崭露头角，一年级时进前 8，三年级最终夺冠，并被招入校田径队。

努力：肌肉结实、精力充沛

校田径队每周一到周五，早上 7 点 10 分训练到 8 点，风雨不改。

每天早上 6 点 30 分，当别的同学还在甜美梦乡，鲁梓越已经起床赶到学校田径场挥汗如雨；每次期末考试结束后或新学期开学前，别的同学正居家放松或游山玩水之时，鲁梓越和队友们回到静悄悄的校园，进行训练。

训练中，"最辛苦的是跑 800 米、1000 米练体能。"两年风雨无阻的训练，使她从弱不禁风的瓷娃娃，变成了肌肉结实、精力充沛的短跑运动员。

领悟：输了太伤心，就违背了体育初衷

12 块金牌背后，有荣誉，也有教训，更有对孩子内心的锻造。

2018 年天河区中小学生田径运动会上，鲁梓越一口气拿下了 3 块金牌，开始有些飘飘然，训练时经常偷懒，结果 2019 年的区田径运动会上，痛失最看重的 100 米金牌，"追悔莫及，伤心难过了很久很久……"鲁梓越渐渐明白，世上没有常胜将军，人外有人、天外有天。

她体会到，竞技体育是残酷的，即使是非常有天赋的运动员，也必须通过持之以恒的科学训练，才可能不断超越他人、超越自我；

另一方面，"体育比赛则重在参与，胜败乃兵家常事，绝不可胜则骄、败则馁，如果因为输了比赛而过于伤心，就违背了体育比赛的初衷。"

这个 11 岁的小女生已经俨然对跑步若有所悟："跑步是一项锻造灵魂的运动，它给我掌控生命、实现自我价值的感觉。我喜欢跑步带给我的健康、活力、身心愉悦。"

学习：各科成绩优异

运动，让鲁梓越有充足的体力应对学习，而且把体育比赛时不服输的劲头也用到了学习上，各科成绩优异。

她的作业基本能在学校完成，学校之外，每周二有编程课、周四钢琴、周六英语、周日奥数，碎片时间抓紧背书、背单词。学习和训练之余，她通过看书或弹钢琴来放松自己。

培养这样的孩子，父母做了什么？鲁梓越爸爸妈妈做的是支持，带女儿尝试学习多种运动，舞蹈、轮滑、游泳、羽毛球、乒乓球，都学了个遍，最终让孩子找到喜爱并愿意坚持的项目。

"要比赛，爸爸东奔西跑、精挑细选，就为了给我买一双合适的钉鞋；每场比赛之前，爸爸都非常注意我的饮食和情绪，还会专门抽出时间提前到比赛场地踩点，并制订出详细的攻略分享给其他家长。"鲁梓越说。

胡慎之：全市跨栏冠军 + 奥数"学霸"

"砰！"一声枪响，广州市小学生运动会的跨栏比赛现场，几个身影像离弦的箭一样冲了出去，一片欢呼声中，一个身影很快领先了，轻盈的身姿跨过一个又一个跨栏，甩掉所有的对手，第一个冲到终点。

这是六年级 3 班胡慎之，酷女生、奥数"学霸"、田径"全能王"。

她身体素质全能，速度快、力量足，二年级就被体育科的张泽林老师相中，先练跳高和跳远，五年级开始练跨栏。

"高速跑的进程中,越过阻挡,技术难度很大,最大挑战是如何把握节奏。"胡慎之说,开始她以为"腾空"时冲得越高越好,老师纠正后,有意控制了"飞"的高度,腾空后尽快下压身体,从而减少了在空中的时间,更快落地,还为跑下一个栏需要的二次加速提供动力。

在一遍又一遍的分解中,她终于掌握了整套动作流程,形成理想的"攻栏姿势"。

跨栏训练增强了她的弹跳力,这些技能迁移到其他项目上,使她在多种项目中挥洒自如。她以"五项全能"选手参加广州市青少年锦标赛,还参加了篮球赛、跳高、跳远、接力和短跑等项目。

学习上,胡慎之是名副其实的学霸,获得华师附小"六三学霸""英语学霸"等荣誉称号,第十六届小学"希望杯"全国数学邀请赛,四年级二等奖。初中目标是广东奥林匹克学校。

"只学习不运动,学习没效率;只运动不学习,很无聊。"她享受运动的过程和快乐。学校之外,都有额外的语数英学习,参加学校奥数班、练习古筝。

赖静初:去年全市获田径金牌最多小朋友

2019年,六年级女生赖静初在广州市田径赛夺取3枚金牌,成为当年广州获得金牌最多的小朋友,并跑出个人最好成绩,200米28秒05,400米1分07秒79。

而在上一年,她还陷于比赛就紧张、成绩无突破的沮丧中。

"五年级同学们都接二连三地获得了金牌,但我的最高成绩依旧只是第2名,有时甚至会跌到第3、第5名。有一次甚至看错了终点线,非常沮丧,回家的路上一直在反思。"

做了足够的反思,经验也更加充足,六年级她并没有觉得自己的成绩有多大突破，只是一如既往地坚持，但胜利开始发生。

"天意吧，因为不想让我放弃，不想让我沮丧，努力终于有了回报。"小小年纪的赖静初说，从跑步中，领会了"长风破浪会有时，直挂云帆济沧海"这句诗。

"跑步是一种习惯，坚持也是一种习惯。当你习惯了一样东西，它就不会轻易地离你而去，像呼吸一样自然。"这段经历后，她时刻提醒自己，"充满信心，努力向前，总有'直挂云帆济沧海'的时刻。"

身高输在起跑线　全队灵魂人物

刘天程是小个子，但能量大，是全队的灵魂人物，"训练认真刻苦，品学兼优，所有队员对他很尊敬和认可"，张老师说。

12月出生的他参加2019年的市青少年比赛，这次比赛参赛年龄是2017年1月到2018年12月，因此他是年龄最小的参赛队员，遭遇的是比自己大一岁、高一头的孩子，但他乐观地调侃自己"身高输在起跑线"。

他参加的是男子100米决赛，站在起跑线上，环顾四周，发现周围的对手都是高个子，高了半个甚至一个头，心里不禁有点慌，结果获得第四名。

男子60米决赛，他再次和其余七名高大的选手一起，缓缓地走向了跑道的起点。"砰——"发令枪声响起，一名强壮的选手一马当先，紧跟着的是一位身材高挑的选手。

天程也像小老虎一样，鼓足干劲，勇猛向前，将几位高个子选手抛在身后，最后以第三名越过了终点线。

"体霸"秘诀

秘诀一：晨练欢迎你，风雨无阻

8点上课，但每天早上7点，华师附小操场就已人声鼎沸，起码有200名学生在锻炼，挥汗如雨。其中田径队50人、篮球队100人，剩下都是自愿加入晨练的孩子。

副校长吴启航说，校体育队的训练，除了正式成员，对所有愿意加入的孩子，都敞开大门。

而且，每天的晨练风雨无阻，自然是磨炼意志的好老师。华师附小8位体育老师，无论是住番禺还是白云，全员7点前到齐，给孩子们树立榜样。

体育科组长张泽林说："远的老师早上5点多就要起床赶来，日复一日、年复一年。"他自己曾经住白云3年，为了赶晨练，经常睡在办公室。

参加田径队，很多孩子过的第一关就是早起，赖静初回忆："六点半起床，开始不习惯，咬牙坚持了两个星期，终于能按时早起了。"直到现在，一听到闹钟铃声，她就条件反射，好像一下子被人摇晃了一下，清醒许多。

训练时各式各样的动作，蛙跳、拉力带、高抬腿、慢跑、仰卧起坐、俯卧撑、平板支撑……每个星期老师都会带来新的动作，练不一样的肌肉群。

秘诀二：眼光准，发掘孩子潜力

华师附小全校只有1200名学生，一个年级就200人，跟几千人的大校相比，数量基数少，优秀体育苗子的数量也小。

加入田径队的门槛不高，并不局限于择优选拔，班主任的荐举、学生自荐、家长申请，都可以。体育老师们也要眼光狠、准，不能只选择测试成绩最好的孩子，还要独具慧眼找出有潜力的孩子。

"眼睛里有不服输的劲头。"张泽林相信这样的孩子有潜力,会挑入训练队,关注培养。队里好几个区、市冠军,都是这样挖掘出来的。

秘诀三:研究孩子心理从细节处入手

体育老师们研究儿童心理,时刻关注孩子思想状况,"胡萝卜加大棒",红白脸配合搭台,榜样、鼓励、敲打、零食、游戏……一样不能少。

对于成绩普通但上进心强的孩子,张泽林老师采取"皮格马利翁"战略,以鼓励为主,设置每阶段小目标,最终大进步,"一定程度上,老师希望学生成为什么样的人,就能够训练他们成为什么样的人。孩子其实都很有荣誉感,要善于利用并适当引导。"

遇到性格内向的学生,以哄为主;对心浮气躁的学生,老师会唱起黑脸,抚平浮躁。

训练中,设置很多游戏,让孩子们感觉有趣。赛跑终点的部分雪糕筒下,放着小零食,赛跑前三名的学生可以打开两个雪糕桶,后面的学生只能打开一个雪糕桶。

低年级的学生着重培养体育锻炼的兴趣;高年级的学生关注思想,树立正确的三观。张泽林虽然是体育老师,却爱跟学生讲道理,将对身体、健康的理解,传递给学生,"让学生有梦想、有目标,这才是源源不断的动力。"

一位家长说,田径队改变了女儿,"以前女儿完全'公主病',叫起床像要命,怕苦怕累怕痛,加入田径队居然能早起了,辛苦的训练、摔跤跌疼,都坚持下来了。"

秘诀四:体育必须优秀才能评"三好学生"

副校长吴启航说:"学校规定,体育成绩必须是优秀才有资格评定'三好学生'。"常规体育课成绩优秀、校运会单项比赛前三名、区级以上比赛前六名、校运会体育达标测试成绩优秀；四项中至少具备一项，才能评定为三好学生。

"刚开始的时候，也有家长来找学校，但规则就是规则，现在大家都习惯了。"吴启航说，这一政策已经执行多年，深入每个学生和家长的认识，因此，全校学生都重视体育锻炼，家长支持孩子体育锻炼。

附小全校学生，体质健康优秀率达到30%以上、合格率99%以上，都远高于全省水平。"全校基本没有小胖墩。"他表示，"只有让学生拥有健康的体魄，才能为学生的终身发展奠定坚实的基础。"